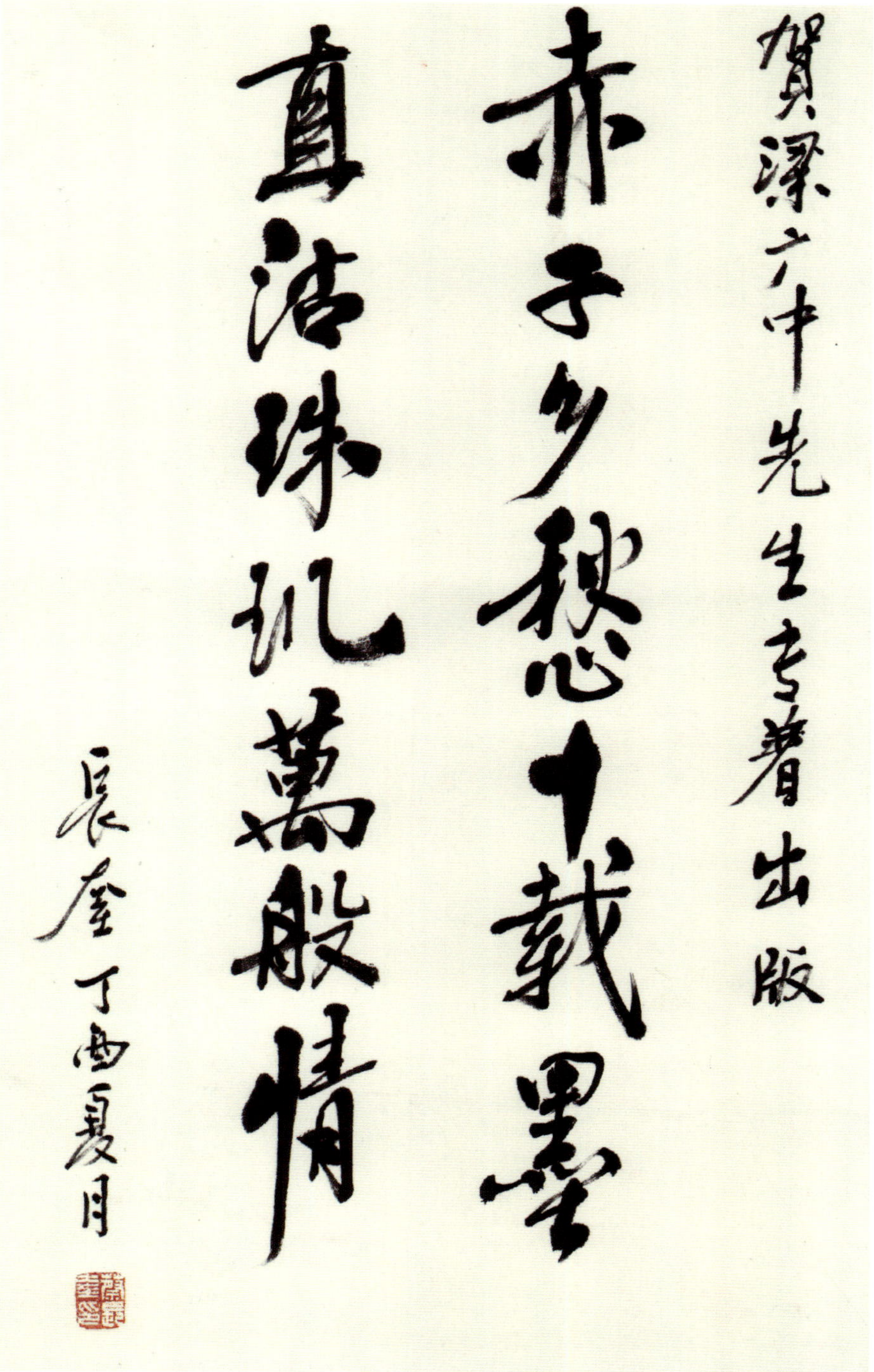

◎ 天津市妈祖文化促进会会长、中华妈祖文化交流协会副会长蔡长奎先生书

大直沽古貌平面圖
繪制：朱龍泉
北
西
東
南
龜湖
（王八坑）
（東局子）
張貴莊路
新俄毛子墳地
老毛子墳地
北寨河
通月牙河
舉人
花園
鏡湖
九天玄女廟
禹王臺
坎上
坎中
玄武廟
後寨街
藥王廟
遼.金.元校兵場
薛家湖
薛
汪
義大湖
東大窪
鶴鳴寺
馮
圖例
學堂
公所
坎
墳地
橋
寺廟宮觀
窪、湖
濕地
樹
小道
坎下
前寨街
西大湖
乾
坎
艮
王
呂
趙
劉
任家墳
（花籬子）
（官墳）
梁
孫
田莊道
鎮海寺
（西大寺）
兌
天妃宮
百戶府
戲臺
東關
賈沽道
西關
觀音堂
坤
離
巽
震
東大湖
太平莊
閩粵義園
（南營墳地）
西寨河
海津渡
閩粵會館
老寨河
河灘窪
（官墳）
（小孫莊）
海
河
（牌坊）
（小劉莊）
慶國寺
（東大寺）
海河故道
大直沽古地貌斷面圖
天妃宮
藥王廟
玄武廟
玄女廟
前臺
後臺
前
小
（大營寨）（前山屯）
（後營寨）（後山屯）
海河
校對標注：梁廣中
整理制作：唐文權

◎ 大直沽古貌平面图

◎ 原天津市天后宫管理委员会主任、天津市民俗博物馆馆长蔡长奎先生绘大型壁画《妈祖圣迹图》（局部）

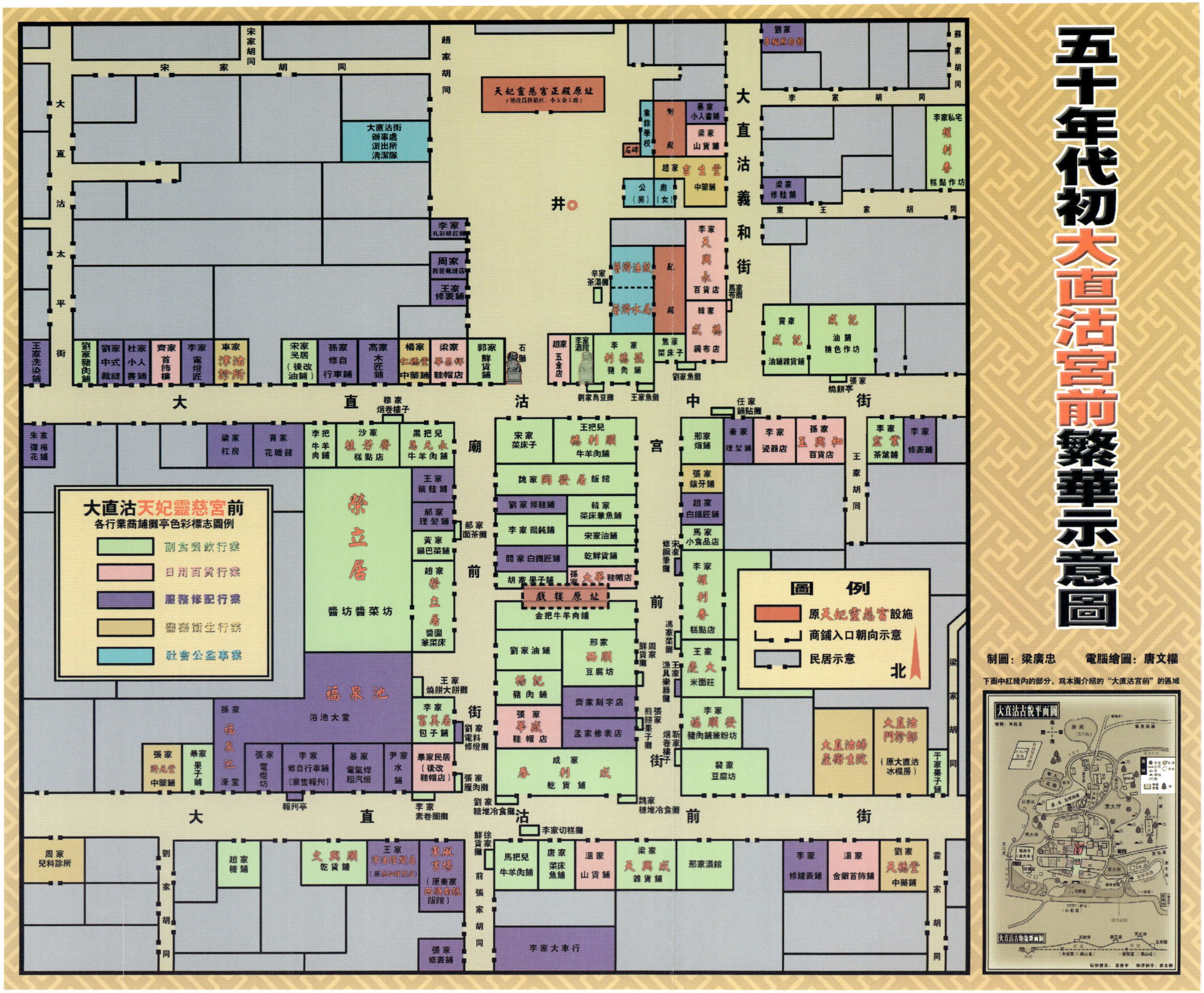

© 20世纪50年代初大直沽宫前繁华示意图

津城之根——大直沽

JINCHENG ZHI GEN DAZHIGU

梁广中 著

·观天津发祥地历史民俗故事

·览家乡大直沽千秋文化魅力

天津出版传媒集团

天津教育出版社

TIANJIN EDUCATION PRESS

图书在版编目（CIP）数据

津城之根 : 大直沽 / 梁广中著. -- 天津 : 天津教育出版社，2018.3

ISBN 978-7-5309-8141-2

Ⅰ. ①津… Ⅱ. ①梁… Ⅲ. ①地方文化－天津 Ⅳ. ①G127.21

中国版本图书馆CIP数据核字(2018)第023691号

津城之根——大直沽

出 版 人	刘志刚
作　　者	梁广中
选题策划	常浩
责任编辑	常浩
装帧设计	郭亚非
出版发行	天津出版传媒集团 天津教育出版社 天津市和平区西康路35号　邮政编码　300051 http://www.tjeph.com.cn
经　　销	新华书店
印　　刷	天津市武清区雍阳印刷厂
版　　次	2018年3月第1版
印　　次	2018年3月第1次印刷
规　　格	16开（787毫米×1092毫米）
字　　数	190千字
插　　页	3
印　　张	13.5
定　　价	38.00元

笃行致远　有志竟成

序言

世居大直沽的梁广中老师，是我近年来结识的一位文友。

说起我和大直沽的关系，多少也算有点儿缘分。差不多在三十年前，我们承担了一项国家“七五”社科规划项目，到大直沽进行田野调查是其中的一个部分。一到大直沽，我们就受到当地父老乡亲极为热情地接待，从他们的口述中得到了许多前所未闻的历史和知识。记得那时的大直沽，基本上还保持着旧有的风貌，房屋的布局、街道的走向，无不彰显着古老斑驳的历史；风韵弥醇的大小里巷，处处渗透出优雅的闲散和老去的从容。此情此景，真是终生难忘。

打这以后，几乎每年都要数度到大直沽来。可惜的是，历史长河中形成的独特魅力，已经在大直沽如梦似幻般消失了。

◎ 原天津市社会科学院历史研究所所长罗澍伟先生和作者

常来常往，让我见证了大直沽的沧桑变迁，也结识了大直沽的各界朋友和文友，梁广中老师便是其中的一位，尽管认识的时间不算很长，接触得也不是很多。

梁老师出身于大直沽一个小商人家庭，自幼兄弟姐妹众多，生活清贫；又赶上了麋沸蚁动的“文化大革命”，读高中时，便不得不离乡背井，远赴内蒙古。返城后，全凭自己的努力，他当上了一名中学数学教师，教学成绩优异，于是又被调到区教育局教研室，一直工作到退休。

梁老师热爱自己的工作，更热爱自己的家乡。退休以后，他谢绝了教学、代课、辅导等邀请，全心全意地投入对大直沽民俗、历史文化的调查研究。俗话说“隔行如隔山”，从数学学科的教研岗位转到地方文史研究，对梁老师来说是一个全新的角色转换，而且长期伏案工作导致他的视力极度衰减。可这些都没难倒他。他用了近一年的时间，专门学习了有关天津历史文化的典籍，同时深入群众，进行艰辛地走访和调研。虽然困难重重，但“上山下乡”的锻炼，使他能够从容面对环境的困苦和岁月的蹉跎，始终保持着驽马十驾、人一己百乃至绳锯木断的精神。

“皇天不负苦心人”。脚踏实地，不矜不伐，终于使他取得了斐然的成绩，研究成果连连涌现。仅数年间，他甚至可以用自己的研究成果为天津城市规划建设献计献策。

所以，每当看到梁老师在报刊上刊登的文字，我都会有一种强烈的感动。这种感动让我深深意识到，每个人都有一种能力，这种能力就是持续不断地努力。何况，勤奋地努力、坦然地面对，应是一个人必备的素质。再有，便是他的刻苦。对一个人来说，刻苦乃是一种财富，这种财富往往不能以名利、金钱作为标准来衡量。如果我们把刻苦精神作为一种生活的品质，努力就会产生价值。这是梁老师带给我们的一条人生哲理。

其实，在人生的跑道上，无论是谁，都会遇到无数的起点和终点，那就要看自己如何去选择、去面对了。不过，无论成功或失败，我想都不要轻言放弃，坚持虽然未必能够成功，但至少多了成功的机会。这是梁老师带给我们的又一条人生哲理。

一个人一辈子具备了这两条，我看，基本上够用了。

最近，梁老师要把自己的文章结集出版，非要我在前面写点儿什么。考虑了半天，愚以为，主要还是向他学习，学习他不畏艰苦、锲而不舍的奋斗精神与工作状态。在很多情况下，时间就像一张网，你把它撒在哪里，你的收获就在哪里。最后，我有八个字——“笃行致远，有志竟成”送给梁老师，并用这八个字祝贺梁老师文集的问世，希望大家也向他学习。

盛夏三伏，溽暑难耐，可想起了梁老师的下帷攻读与孜孜不倦，心里一下子竟凉快了许多。

罗澍伟

乙未大暑次日草迄，丙申大暑前再改

◎ 昔日解放桥景象（1927年万国桥）

作者的话

笔者在父亲梁瑜和母亲邓洪霞诞辰100周年纪念日之际，万分感谢天津教育出版社领导、常浩编辑，帮助一位一生从事中学理科教学的人民教师，退休之后非常荣幸地圆了弘扬家乡历史文化、民俗文化，出版个人专著的文学梦。

我们梁氏家族世居天津“大直沽”前台儿已经不止六百年了，与天津（直沽）有着渊源深厚的不解情缘。从金代始建的直沽寨到元代成为漕粮转运京师的中转码头，从“东吴转海输粳稻，一夕潮来集万船”到八国联军入侵天津、大直沽沦为比利时租界——六百载沧桑岁月，作为明代海漕终点港的大直沽，逐渐发展出拥有千万人口、繁花似锦的津沽大地。20世纪80年代初，天津考古队对“大直沽天妃灵慈宫”遗址进行了艰难的考古发掘，使大直沽成为考订金代直沽寨、元代海津镇具体地点的首选区域。“先有大直沽，后有天津卫”这一信史，在这次考古中得到了证实，国家文物局、市社科院等部门参与了鉴定。天津市政府领导明确指出，“大直沽天妃灵慈宫的发掘是天津城市考古的重大突破”；“大直沽是天津城市的发祥地，‘大直沽天妃灵慈宫’是天津城市最早的寺庙”。并且郑重指出，“抢救大直沽文化是我们义不容辞的责任”。

2007年年底，因为长期从事中学数学教学、研究，导致我视网膜病变,视力极度衰减，遵循医嘱被迫按时退休，不得不离开了心爱的中学数学教研岗位。谢绝了诸多返聘、教学、代课、辅导的盛情邀请，我决心把有限的“余热”投入到家乡历史及民俗文化的学习、调研和写作中去。

三十年前天津开始开发商贸旅游事业（尤其是古文化街、食品街、服装街等商贸街建成）以来，我的心中一直萌动着为弘扬家乡历史文化资源、为振兴河东商贸旅游事业做一些力所能及的事情的愿望。我家祖祖辈辈生活在这片故土之上，我心中清楚这个地区蕴藏着无限商机，所以一直渴望通过弘扬家乡历史文化资源，为市、区领导提供发展旅游、商贸经济决策可借鉴的依据。通过学习河东区政协文史资料选辑，我得知很多德高望重的长辈早在多年前已经为开发建设大直沽向市、区领导进言，我的行为是继承他们未竟的事业。

从20世纪80年代初萌发心愿，到2002年初开始向市、区领导送上第一封进言信，相继向几届区领导进言矢志不渝。虽然先后得到了市、区领导的关注和肯定，遗憾的是美好的愿望并没有被充分采纳、落实于几届区领导的决策工作之中。

退休后，我决定自己拿起笔行动起来。虽然有了可以支配的大把时间，但要做到全身心地投入到为家乡历史、民俗民风文化写作之中，是需要精神、学识方面的相关储备的。因为，从中学数学教学、教研岗位转入到历史、民俗的考察调研，对自己是个全新的课题。于是我用了近一年的时间，专门学习了多年以来收集到的文史专辑，又购买了多册关于津门历史、民俗文化的书籍，采取了边学习、边调研、边写作的方式，坚持不懈、迎难而上、不图名利、持之以恒、奋进不止。一晃十余个春秋，我先后在《今晚报》《工人日报》《今晚经济周报》《天津市老年大学报》等报刊，《直沽文化》《天津老干部》《老年世界》《中华妈祖》《天津档案》等杂志，《天津记忆》、《九河寻真》（问津书院）、《弘扬妈祖精神共话美丽天津·中国梦》（中国·天津妈祖文化旅游节文集）、《天津市河东区政协文史资料专辑》、《天津市政协文史资料专辑》等文集发表文章五十余篇，参与天津滨海广播电台、天津图书馆《海津历史文化讲坛》、天津电视台“公共频道”等媒体专题讲座和报道活动；先后被天津市河东区文联吸收为区作家协会会员，被天津市妈祖文化促进会吸收为理事，被中国近代史史料协会吸收为会员。

我被业内专家赏识的一篇作品，是经过近三年艰辛的调研、走访、回忆而完成的两万五千余字的《大直沽宫前的繁华》一文（其中编绘了示意图）。文章描绘了20世纪50年代初大直沽天妃（妈祖）灵慈宫前商铺林立、车水马龙、人声鼎沸的繁华景象。其中，精心设计、绘制的“20世纪50年代初大直沽宫前繁华示意图”，充分展示了“大直沽宫前”的六十余种行业、一百二十多家商铺摊亭及公益设施，详尽地介绍了各家买卖的字号、姓氏及其所经营行业和布局情况。示意图长106厘米，宽76厘米，颇具历史收藏价值。我把商铺摊亭按照现代商业概念划分为副食餐饮、日用百货、服务修配、医药卫生、社会公益五大类别，在图中分别用绿、红、紫、黄、蓝五种颜色标示出来，清晰易辨。后经王振良先生推荐，由唐文权先生协助制作成电子版示意图，古香古色，更加亮丽夺目。

口述历史资料是纂修地方志的资料来源之一。凡是能被口述的历史都是鲜活的，而鲜活的历史贴近社会、接近真实，更具故事性、感染力和说理性，富有生命力。多年来，克服酷暑寒冬的困难，我先后走访了数不清的大直沽耄耋老人，他们帮助我回忆、挖掘出很多鲜为人知的史料，写出了《天津市天妃（天后）文化漫谈》《做苦力的艰辛岁月》《鉴赏家乡“大直沽古貌草图”》等文章。随着对大直沽历史、民俗民风研究的深入，在太多宝贵的财富被世人忘却的现实面前，自己内心的责任感益愈加重。我希望让更多的人重视家乡的历史文化，更加珍爱、保护家乡的历史文化遗产。令人非常痛心的是，如今包括大直沽清代举人李耀曾的旧宅、大直沽大学堂、天妃灵慈宫、义聚永烧锅在内的具有深厚文化底蕴的历史建筑、遗产几乎全部消失殆尽，地理古貌完全被破坏了！不仅老建筑湮没了，就连“大直沽小吃三绝”糖堆儿、糖粘子、炒果仁也几近失传，原因就在于没有人重视与保护。今天一息尚存的，在嘉庆、道光年间被诗人颂扬为“名酒”的“直沽高粱酒”， 作为华北名酒，在大直沽早已名不见经传；传世的“茵陈露”“玫瑰露”“五加皮”等色酒也日渐式微。长此以往，大直沽的美食文化也就断裂了！

为了能让子孙后代了解津门的传统历史、民俗文化，我首先结合自己的亲身经历，选择了人们十分熟知的津沽民俗“大直沽宫前腊月迎春”这一题材作为切入点，撰写了展示传统年文化符号春联、年画、窗花的系列文章《叫卖春联》《圆年画梦》《窗花情缘》等。其中，描绘了自己在小学寒假期间，一进腊月就不畏艰苦地站在寒风凛冽、冰天雪地的大直沽天妃宫前的年货市场上，叫卖父亲书写的春联和他老人家创绘的年画《福禄寿三星》的民俗风情；如何跟随老一辈民间刻纸艺人不畏辛劳地学习掌握刻窗花技艺的经历；退休以后如何急不可待地复原已故老父亲创绘年画的经历。

近年来，悦耳的“天津叫卖”声时常再现于反映天津国计民生的历史题材艺术作品中，展现在传统佳节的大型商贸、集市、庙会活动中。“天津叫卖”令人们喝彩，令人们开怀，令人们回味。我在天津非物质文化遗产题材的文章《赏析“天津叫卖”艺术》中，施展高中时代练就的认识简谱、可谱写简易曲目的文艺才能，把那些遗存于大直沽街巷之中的历史“叫卖声”，经过深入剖析、合理分类后，对其中典型的叫卖的节拍、调性、韵律、情绪等都进行了较为科学地记录，使“天津叫卖”这一生动活泼、风味醇厚的“胡同文化”艺术形式鲜活、生动、科学地展现在世人的面前。

大直沽是民间花会之乡，曾经的天妃祭祀庆典和娘娘会活动中，天妃宝辇和多道法鼓老会、高跷老会、大秧歌、小车会、跑旱船等节目轮番上演。儿时一旦闻得高跷会的锣鼓点儿，不管是演练还是出会都要跑过去一睹为快。自从20世纪60年代初“大直沽同乐高跷房”被迫停办后，多年来梦寐以求“同乐高跷”的再现。我在2012年9月27日“第六届中国·天津妈祖文化旅游节”开幕之际，欣逢等待上场的“天安寺同乐高跷会”队伍。当我看到高跷演员的装扮、服饰和道具时喜出望外；当在高跷会高大的门旗、都旗上见到了“同乐高跷”字样时，我欣喜异常，有他乡遇故知之感。怀着对家乡同乐高跷老会的深厚情谊，我多次深入到“天安寺同乐高跷老会”采访、学习，写出了《天津皇会的“天安寺同乐高跷老会”》一文，较全面地讲述了这个具有两百年历史的回民高跷队的特色技艺和传承方式等，受到老会全体人员的一致赞赏和高度评价。为助力“天安寺同乐高跷老会”成功申报“天津市非物质文化遗产”，我实实在在地贡献了自己的一份力量。

民俗民风文化是地方志记述不可或缺的重要内容。熟知大直沽历史的老人们一个个先后“走”了，那些详细了解直沽（天津）历史、民俗民风的老人越来越难找了。直沽文化中的漕运文化、天妃（妈祖）文化、民俗文化、庙宇文化、庭院文化、烧锅文化、美食文化——如果能够得到及时的挖掘整理，并得到充分的开发利用，河东区一定会成为天津市商贸旅游事业极具特色的亮点地区。

熟知当年被称为天津第一庙的“大直沽天妃宫”（俗称“大直沽娘娘宫”）的人（特别是年轻人）则太少了。值得一提的是，修建于明代的“大直沽天妃宫”，曾经是最早的世界三大妈祖庙之一（20世纪50年代其正殿内部塑像被彻底拆毁后，天妃庆典活动才被迫停止）。明代正德年间胡文璧《与彦式伦求志书》记载：“元统四海，东南贡赋集刘家港，由海道上直沽，达燕都。舟车攸会，聚落始繁，有宫观，有接运厅，有临清万户府，皆在大直沽。”在考察天津妈祖文化的过程中，我深刻地意识到，天妃（妈祖）文化是天津城市的历史符号、珍贵的历史文化遗产。目前，全世界有妈祖庙三千余座，妈祖文化的信仰者达两亿多人。现在，天津天后宫作为我市至今保存完好的妈祖庙，已经成为天津市的旅游胜地，取代了“大直沽天妃宫”的历史地位，成为当今世界三大妈祖庙之一，它以其巨大的社会影响力和丰厚的历史文化内涵被国内外妈祖信众所瞩目。

为了向市、区领导进言，我多次徒步丈量并设计出大直沽有关地形地貌情况，按比例画出平面展示图后，在图中展示出我对发掘家乡历史文化资产、开发商贸经济项目的见解和建议，几乎大直沽地域上的每一个角落都留下了我的足迹。我的进言信曾经得到时任市长的批示。不久市长到河东区调研，委托时任天津市规划局局长和总工程师直接听取了我的建议。熟知大直沽历史风貌的老人被我一一地寻觅着。每次深入到大直沽地域进行调研，路边相识的老人都会跟我热情地打招呼，询问道：“你还写着了嘛？再接着多写点儿！”而且他征询关于大直沽历史方面的材料到哪儿能买到。老人们都说我在做一件功德无量的事，我却觉得自己只是为家乡做了一点儿本分的实事。

写作有关家乡历史文化、民风民俗的作品，尤其注重存真求实、有史有据。为探究大直沽梁氏家族与金代直沽寨都统梁佐的血脉关系，我和本族兄长梁家富进行了为时一年的走访调查，确认了世居大直沽“梁家旮旯”六大支脉宗亲的血缘宗亲关系，把家族历史关系向前追溯了二百余年，并且根据该调研成果撰写了《探究金代直沽寨都统梁佐在大直沽的血脉》一文。文中记载了许多家族长辈提供的重要口碑史实，得到了罗澍伟先生的及时指导和热情鼓励。于2015年春夏之交，我在大直沽元明清天妃灵慈宫遗址博物馆召集家族六大支脉的后人进行恳谈活动，把调研结果等文字、视频材料交到大家的手中。

我在认真核实了朱龙泉老先生生前绘制的“大直沽古貌草图”中的文字、图例，查阅了大量的史料文献后，对草图中的信息进行了较为全面、深入的剖析、论证（唐文权先生制作了“大直沽古貌草图”电子版），尤其对大直沽的三宗宝“古庙、烧刀、台子高”进行了认真地诠释，并结合“烧锅文化”精心撰写出《大直沽三宗宝之一“烧刀”美酒今昔》一文；在查阅了大量的历史文献之后，结合个人对家乡历史的了解、亲身经历，完成了《赏析家乡“大直沽古貌草图”》一文。无论从历史意义还是现实意义来说，这些调研成果对天津市的历史、人文研究都具有重要的社会价值。

退休十年来，自己怀着对家乡历史文化的深厚情感，以弘扬家乡大直沽历史文化为使命。持之以恒、坚忍不拔、求真务实，在多位历史文化和民俗文化的学者、专家的鞭策与指导下，我鼓足勇气一路走来，取得了一点儿成绩。在笔者作品集结成辑之际，深表对各界人士的感激之情。感谢天津市河东区益方教育学堂刘雅琴校长向天津教育出版社常浩编辑为推荐笔者作品所付出的诚意与努力。特别感谢河东区政协文史委领导、天津市政协文史委领导的支持和鼓励。

感谢在我写作过程中给予切实帮助的罗澍伟先生、张春生先生、黄殿祺先生、甄光俊先生、李可家先生、杨志武先生、宋正和先生、王振良先生、唐文权先生、石春波先生、张文杰先生、傅诚学先生、章玺先生、姜国娜先生、李静先生等。向提供文字史料的朱龙泉先生、赵宝鑫大伯、李殿华叔、孙新源先生、刘炳铨先生、窦金泽兄（“天成”油铺后人）等，向给予关心指导的李健新先生、章用秀先生、张景来先生、由国庆先生、郭文杰先生等，向给予支持鼓励的苟英华先生、赵宗琇先生、张连华先生、任云兰先生、于学蕴先生等，向给予爱护关注的小学同窗李巨星（“天兴永”后人）、赵大年（“荣利居”后人）、李金寿（“天妃宫”住持后人）、王书朋、曹基山、吕世义、陈秉钺、何鸿铮、吕复兴、杨翰盈、李家義等“发小”，深表谢意。我念念不忘师长、乡里、友人、同学的情谊与温暖。

在此，特别感谢罗澍伟先生撰写“序言”；蔡长奎先生挥毫题书七言条幅，并且提供个人著名壁画巨作《妈祖圣迹图》（局部）作为本书的书画插页。

我希望更多的人行动起来，参与到保护、弘扬大直沽历史文化的行动中来，通过发掘、整理出那些鲜活、宝贵的文化遗产，并且利用好这笔财富，开发出具有津城之根——大直沽文化特质的河东区旅游、商贸成果，如此才无愧于列祖列宗把我们带到这个世界的恩德，无愧于今天蒸蒸日上、迅猛发展的好时代。

梁广中

丙申年小暑于大直沽

◎ 今日解放桥美景

◎ 大直沽旧宅

目录

第一章 元代漕运把天妃（妈祖）文化送到津门

天津乡贤、红学泰斗、文史大家周汝昌先生，于1993年11月参加天津市河东区“直沽文化研讨会”时语重心长地指出，“娘娘、天妃、天后——是津沽历史发展的一大碑记”；“妈祖之称，也是地区性的，完全另有其含义与情味……津沽的天妃天后，是元代的历史标志，而且是漕运的‘档册’”。天津（古称天津为直沽）自元代、明代的漕运开始，已有六百多年的历史。清乾隆《天津县志》记载，遍布天津七十二沽的妈祖庙有二十几座之多。大直沽的天妃灵慈宫、三岔河口的天妃灵慈宫（现天津古文化街的天后宫）、陈家沟子的娘娘宫、唐家口的娘娘宫、丁字沽的天后宫、葛沽的天后宫、咸水沽的天后宫、北塘的天后宫等等，都见证了世世代代天津天妃（天后）文化与妈祖文化一脉相承的姊妹文化的渊源。

◎ 天津天后宫

一、元代海漕终点大直沽，朝廷敕建“天妃宫”

元朝建都“大都”（今“北京”）以后，官府、军需、民用的粮食全部依赖江南供给。最初实行河漕，江南漕粮由江苏北部进入黄河，再经卫河、白河转运大都，路途遥远，困难很大，“劳费不资，而成效甚微”。京杭大运河“岸狭水浅，舟不负重，年运粮九十万石”，远远满足不了大都的需要。至元十九年（1282），终于开辟了海上航线，漕粮从江南刘家港运达大直沽后，再转运到大都。元代中央政府在海漕的起点刘家港、终点大直沽分别敕建了天妃灵慈宫。“大直沽天妃灵慈宫”俗称“大直沽天妃宫”，始建于元世祖至元年间（1283—1294）。

◎ 漕船扬帆海河

天津大学已故教授范恩锟先生于1957年撰写的《津门掇拾》中有《天津第一座天妃宫的地址》一文，对“大直沽天妃灵慈宫”（娘娘庙）的兴衰提出了很重要的考证见解——元代的天津叫海津镇。当时，海道是从福建向首都运输粮食的主要运输路线，所以海津镇就形成了港口。明正德年间胡文璧《与彦式伦求志书》记述：“元统四海，东南贡赋集刘家港，由海道上直沽，达燕都。舟车攸会，聚落始繁，

◎ 漕船云集

◎ 明代漕运图

有宫观，有接运厅，有临清万户府，皆在大直沽。”元代海漕的兴盛繁荣，把天妃（妈祖）文化、商贾文明送到了津门大直沽。

关于“天妃”对于海事行人的佑护，早在宋代就已经有了这种传说。宋朝时福建省莆田县湄州地方有一个名叫林默的女子，生前在海上多次救人，于是大家把她敬为神明，称其为神女、龙女。她在海上遇难时还不到三十岁。当地居民多靠下海打鱼为生，当时的渔船简陋，常遇不测，渔民们认为她能够化险为夷，祈求她保佑平安。这种传说和信仰在浙、闽、粤沿海一带流传很广，于是林默在民间逐渐成为保佑航海平安之神。“妈祖”是民间对林默的尊称，此外还有“娘妈”之称等。《天津县志》记载：“宋宣和中遣使到高丽，中流遭风，来神以免。使者归上闻于朝廷，诏立祠。迨后神迹显赫，海内便祀之。”可见妈祖是保佑航海平安之神。

宋代绍兴二十六年（1156），朝廷顺应民意，首次敕封林默为“灵惠夫人”。景定三年（1262），朝廷第十三次敕封，封她为“灵惠显济嘉应善庆妃”。元世祖至元十五年（1278），晋封她为“护国明著灵惠协正善庆显济天妃”，并在南北各地沿海漕船经过的地方建庙供信众祈祷。海漕运输是从元代起步的，由于元代漕粮从福建一带运来，水手多是吴人，因此“天妃”的信仰也就随之而来。由于当时人们并没有掌握多少气候、航道的规律，对航海安全难以把控。朝廷便顺乎民众对“天妃（妈祖）”护佑航行、对海难进行救助的企盼，直接拨款，分别在漕运起点刘家港（江苏太仓东浏河镇）、终点海河东岸大直沽修建了“天妃灵慈宫”（俗称“东庙”）。“大直沽天妃宫”曾与福建湄洲妈祖祖庙、台湾北港朝天宫并称为世界三大妈祖庙。现今“天津天后宫”是朝廷在海河西岸三岔河口敕建的另一座“天妃灵慈宫”，俗称“西庙”。可以说“天妃宫”在航海人的精神世界和现实生活中的重要性，并不亚于当年统辖海漕的接运厅、临清万户府。

明太祖朱元璋北上视察海漕后，曾体恤海漕危难重重，感叹道：“每闻一夫有航海之行，家人怀诀别之意。”于是决定疏通由隋炀帝兴建的运河，增辟南起杭州北至通州的漕运航线。先将漕粮运抵小直沽（现今三岔河口天津天后宫一带），再经北运河运达大都。明代以后的小直沽则因重兴河漕运输而兴盛起来。清康熙三年（1664），清圣祖玄烨敕命晋封天妃为“护国庇民昭灵显应仁慈天后”。“天妃”被加封为“天后”，“天妃宫”则改称“天后宫”。由于天津民众对天妃的的爱戴，他们亲切地称天后宫为“娘娘宫”“娘娘庙”。

◎ 20世纪30年代宫北大街景观

二、“大直沽天妃灵慈宫”的五次重修

“大直沽天妃灵慈宫”坐落在大直沽中街与后街中间地域，面向海河，占地3300平方米。建筑为砖木结构，宋代风格，气势恢宏。“大直沽天妃灵慈宫”曾历经五次较大规模的重修，分别记载于民国《天津县新志》的《河东大直沽天妃宫碑记》（作者为元末明初人危素）中。该碑记还记载于康熙《天津卫志》、乾隆《天津县志》和《重修敕建灵慈

天妃宫碑记》（碑文作者清史司主事任天柞中），提供了五次重修较翔实的历史佐证。

《河东大直沽天妃宫碑记》的碑文记载了新建“大直沽天妃灵慈宫”和前两次重修的史实：“传至延祐，兹大直沽乃古建天妃灵慈宫。”延祐（1314—1320）是元仁宗爱育黎拔力八达的年号。碑记既说是“传至”，显然新建“大直沽天妃灵慈宫”比延祐还要早一些。

◎ 大直沽天妃宫考古正殿基座

第一次重修：在元代泰定年间（1324—1328），碑记明示，“泰定年间弗戒于火（不慎失火），吴僧庆福言于都漕运万户府，朝廷发官帑使更作焉……”即泰定年间天妃宫不慎失火，由第一届住持姓吴的僧人庆福禀告给都漕万户府，由朝廷拨款重新修建。这说明元朝廷为了保障海运安全，顺应民意重修焚烧后天妃宫的史实。

第二次重修：元至正十一年（1351）后，由第三任住持僧人福聚提出申请，在负责督运的官员、监察御史、工部郎中和漕民等的共同促成下，朝廷补发“钱八百五十缗”。这次重建将地基增高了两米多，在庙前增修了观音堂，新塑了观音像、阿罗汉四十余像，进一步扩大了天妃宫的规模，庙宇面貌为之一新。1998年，对“大直沽天妃灵慈宫”进行考古发掘，天妃宫正殿遗址地基的堆积层充分显现出来，证明了当年重修将地基增高的事实。

◎ 大直沽天妃宫考古正殿地基

《重修敕建灵慈天妃宫碑记》碑文记载了后三次重修“大直沽天妃灵慈宫”的史实。

第三次重修：“我国初岁……海运边储，舟行元虞，神之阴口默相者万万也，乃因其古庙而扩大之，立人以祀奉。”即明朝初年，仍然遵循海运旧制，海漕保护之神天妃娘娘依然被当政者所重视，所以在大直沽“因其古庙而扩大之”。这是大直沽天妃宫的再一次扩建。“我国初岁”重修的确切年月碑文未明示，尚待考证。

◎ 大直沽天妃宫考古正殿地基

第四次重建：碑文记载，“弘治时，每每显化，又敕命重修”。即在明弘治年间，每当感应天妃显化，朝廷便与元代一样拨款重新修建天妃宫。可见，明朝廷也是将天妃宫的修缮与祭祀当作“上以护国家，下以庇生民”的大事来加以重视。

第五次重修：碑文的最后记明（万历六年），“今本邑善事周得水等有感，相与赞成重修，圣像殿宇，各图其新”。值得一提的是，这次重修是由天津人自主发起的。这次整修起止时间的记载最为明确，碑文记述“起工于春三月，讫工于夏五月”。

据世居宫前街的一位老人回忆，早期庙宇外观颇为庄严，有两道山门，门前立汉白玉石碑一座。头道山门上有黑底金字匾额，上书“赞化三元”四字。进门有东西配殿，配殿原供有文昌、老君、三元、斗母、火帝、灶君、城隍、土地和王三奶奶等奇形肃穆的塑像。

◎ 大直沽天妃宫考古正殿地基

清光绪二十六年（1900），八国联军入侵天津，大直沽天妃宫的正殿、后殿，东西两侧的配殿、侧殿，以及天妃宫前广场的戏楼等，均遭俄军纵火焚烧，被彻底焚毁。翌年，在大直沽乡民、商贾、士绅的共同筹资后，仅仅重修了正殿和偏东侧的配殿、侧殿，重塑了正殿中的天后塑像和送子娘娘、眼光娘娘塑像以及罗汉、宫女、灵童、马公、水伕等塑像。正殿面积约两百平方米，悬挂写有“风不扬波”的匾额，殿内主

◎ 八国联军在大沽口登陆

◎ 八国联军入侵天津

座为“天后圣母”，两旁有送子娘娘和眼光娘娘，另有宫女、灵童、马公、水伕等小塑像在两侧侍立。此后，每年的天妃庆典活动、娘娘会活动仍然传承了下来。在20世纪50年代初天妃塑像被拆除以后，庆典活动方才骤然停止。至此，“大直沽宫前”传统节日期间的繁华不再。

有证可查，东庙最后的三代世袭住持是火居道士（可以成家，娶妻生子）。第一代李长春，第二代李省义，第三代李凤梧（人称“小老道”）。李省义为了葺修山门、重修配殿，期望多供神像，增加香火收入，于1930年到南方化缘募捐，中途不幸跌落山涧身亡，以身殉道。李凤梧三子李金寿乃笔者小学同窗，儿时我们的课余学习小组曾设在他家紧靠大直沽天妃宫正殿东侧院落的西厢房中。

三、震撼心灵的“大直沽天妃灵慈宫”

1. 我对“天妃灵慈宫”的见闻

我于1947年出生在大直沽，家住“天妃灵慈宫”山门口西侧的第二户平房（大直沽中街22号，进深里外两间）。我的爷爷梁绍增在此曾经营梁家茶铺。20世纪50年代初，父亲梁瑜和母亲邓洪霞在此经营“华昌祥”鞋帽小店。每天我与同龄伙伴嬉戏、奔跑在天妃宫前的小广场上，难得赶上了那两年“大直沽天妃宫”农历端午节期间（五月初一日到初五日）的盛大庆典，亲眼见到天妃宫前春节市场人头攒动的火爆、热烈场景。幼时我每年都要紧紧跟着裹着小脚儿蹒跚走路的奶奶到娘娘宫里去敬香，亲身体验了祭拜天妃娘娘时人们虔诚地焚香顶礼膜拜、祈求护佑、祈求降福的跪拜情景，我的幼小心灵被撼动着。

20世纪50年代初，庚子之乱后重建的“大直沽天妃宫”的正殿依然高大、庄严（正殿迎面宽度相当于现在文化街“天后宫”正殿近两倍，进深尺度基本相同）。从正殿到山门口（恰是与大直沽中街与庙前街的交口）有五十多米，最宽处三十多米。正殿前小广场的东边侧殿是连三间的青砖瓦房，侧殿外的南端紧紧毗邻着碑亭。我对正殿大门上方高悬着的宽大匾额和十余扇厚重、结实的红褐色殿门（门的上半部分镶着小正方形的窗栏）的印象仍然十分深刻。大殿正中供奉着天妃娘娘彩色塑像，塑像前摆放着大香案，上边有香炉和供品。靠东边排列着水哥哥、花姐姐等塑像，靠西边端坐着王三奶奶、宋二奶奶等塑像。笔者尤其对水哥哥稚气未脱、憨态可掬、挑着一副水桶大步前行的样子印象特别深刻。另外，我记得在大殿的两侧还分别排列着两列塑像，都是类似于寺庙里“大雄宝殿”的罗汉形象，各个表情肃穆、威严无比。

◎ 20世纪30年代天津天后宫山门

学龄前的我和同龄小伙伴们几乎每天都要在正殿前的广场上追逐奔跑，一个大我两岁、绰号“老美”的哥哥是“孩子头儿”，他带着小哥们儿攀爬到碑亭中赑屃驮着的石碑（记得小时候人们称其“王八驮石碑”。碑亭中，只看得到露在外边的石碑，赑屃深埋在地下）上边。木制的栅栏中部的隔断横梁已经破损，大伙儿攀爬木栅栏钻进钻出碑亭。年龄小的坐在石碑左右的肩台儿上，“老美”坐在中间的凹陷处当“大王”。

在正殿前偏东六十余尺*处有一口水井（当年枯干已填埋），井的石口两尺高、半尺余宽。井的四周铺着大石块。我还清楚地记得邻家一位年龄稍小的男孩站在井的石口向下蹦跳后把一条腿挫伤，后来久治不愈肌肉萎缩落下了终身残疾。

*注：为真实还原天津当时的历史风貌和人们的常态，本书多处未使用法定计量单位，后同。

出了山门就是庙前的大广场（近六十米宽、百余米长），戏楼就设在广场的中央。自从“老毛子”火焚大直沽把戏楼彻底烧毁后，大广场中间陆续被新建的商家小店铺所占用，形成北至大直沽中街、南至大直沽前街之间环状矩形的繁华商铺聚集区，东西两侧自然形成两条短街，即宫前街和庙前街。

虽然宫前大广场和戏楼早已消失，可是老辈人的口中依然口口相传着昔日（正月十五元宵节、十六灯节）庙会盛况空前的故事。夜幕降临以后，“天妃宫”和戏楼之间彩灯环绕着娘娘会出会的队伍和逛灯的人们，满街的商家店铺燃放花炮此起彼伏。尤其戏楼前高搭的结实的松蒿脚手架上，燃放焰火盒子（俗称盒子灯）的场面精彩壮观。古老传统的盒子灯是由能工巧匠精心制作、连接套装式的焰火盒子。大的盒子长度有两米，宽度不下一米，高度也不一般。焰火盒子悬挂在脚手架的正上方，点燃引信后逐层地喷放色彩缤纷的焰火。盒子每燃透一层，便有靠里边的一层坠落（盒子一般有四五层）下来，此时便是人们发出欢呼声、惊叹声的时刻。因为每当此时，在焰火的映衬下，庙会便绽放出一幅吉祥喜庆、人们喜闻乐见的传统故事的精彩画面，如“八仙过海”“二龙戏珠”和“草船借箭”等等，花团锦簇，观赏的人们群情激昂、兴奋不已。

2. 永远铭刻心灵的甲子记忆

20世纪50年代初某一年的春夏之交，拆毁天妃宫正殿塑像那天中午，一小时之间天空突然阴暗得像黑锅底一般，伸手不见五指，而且狂风大作、雷电交加，之后很快阳光明媚、晴空万里。这一幕真真切切的气象骤变虽然只是个巧合，但六十多年来一直震撼着我的心灵。

那日清晨，还在梦乡中的我就听见叽里咕噜的车轮声响个不停。起床后听到大人们说：“拆庙了！”“扒庙了！”（实际上只拆除了正殿中的塑像，正殿主体建筑并未拆除）我看到很多人用清洁队木头轮轴、有木板围挡的木板车（车厢后有可提拉的木头挡板）装运破碎的天妃宫塑像，沿着大直沽中街往东拉到东大坑以南一带倒掉。负重后的清洁车车轮的声响震耳欲聋，顿时人声嘈杂、尘土飞扬。十余辆清洁车来来回回地奔走在五六百米的路途之间，将近中午的时候拆除、清理基本结束。我正在家门口玩儿着，看见从山门里走出来参加清理的人还在不停地拍打着身上的灰尘。忽然，天空骤然漆黑下来，只见乌云铺天盖地地从“大学堂”（“大直沽中街小学”的旧称，位于我家住宅的西边）那边滚滚涌来，风也跟着刮了起来，吓得我跑回屋里，此时父亲已经把电灯打开。天黑得就像要塌下来似的，我急忙抱住父亲的大腿闭上眼睛，还不时好奇地睁开眼睛向外张望。这时电闪雷鸣，雷声震耳欲聋，一阵儿大过一阵儿。父亲急忙把墙上的闸盒（电表保险开关）拉下来，狂风暴雨雷电交加，雨水就像从天上倒下来一样。

感觉不大会儿工夫，忽然电闪雷鸣少了，风雨声小了。我跟着父亲走出门外时，看到还有些零星雨点儿；天空中的乌云犹如惊涛骇浪一般，飞快地向东边涌去；阳光从云隙间照射下来，不大一会儿就太阳当头晴空一片了。这一天气现象自始至终充其量只有半个小时。虽然是六十年前的往事，可是它给予我的心灵震撼却永远无法忘怀。

被清理后空空荡荡的正殿，先后被大直沽供销社基层店、文工团、街办集体小五金工厂（早已搬迁到河东区古田路的“天津市通风机厂”的前身）占用。大殿及侧殿、配殿的主体建筑，一直到20世纪80年代末“平房改造惠民工程”时才被彻底拆除。

3. “天妃灵慈宫”考古，展现津城之根

1993年，在河东区政府、区政协组织召开的直沽文化研讨会上，邀请了周汝昌、杨大辛、罗澍伟、张仲、姚士馨、翟乾祥、周冀良等著名专家学者。会上，区领导宣布了加快大直沽地区改造步伐、建设津沽旅游商城的决策，建设集商贸、住宅、文体、宗教、民俗于一体的商住经济综合新城区。在大直沽天妃宫旧址发现了《重修敕建灵慈天妃宫碑记》后，天津考古队进入遗址现场进行了艰难的考古发掘。在两百余平方米的范围内，暴露出依次叠压的元、明、清时期的文化堆积，出土的文物可以追溯到宋代或更早时期，大直沽成为考订金代直沽寨、元代海津镇具体地点的首选区域。“先有大直沽，后有天津卫”这一信史，在这次考古中得到了证实，对天津历史遗址的保护、扩大天津的对外影响提供了可信的佐证。市领导指出，“大直沽天妃灵慈宫的发掘是天津城市考古的重大突破”。

大直沽天妃灵慈宫的考古与发掘的消息，及时被天津市各大报刊、《人民日报》和《光明日报》刊发，由天津电视台、中央电视台等新闻媒体向国内外及时进行了报道。国家文物局、天津市文物局、天津市规划

◎ 大直沽天妃灵慈宫考古现场

◎ 大直沽天妃灵慈宫遗址博物馆中天妃塑像

局、旅游局、社会科学院、文史馆、南开大学、天津大学、天津艺术研究所等三十多位各界专家、教授、学者、政协委员和市政府领导人，联名提出“关于建立大直沽天妃灵慈宫遗址博物馆的建议”。文中论述了大直沽是天津城市的发祥地，大直沽天妃灵慈宫是天津城市最早的寺庙，并且郑重说明“抢救大直沽文化是我们义不容辞的责任”。

天津市委、市政府批准建设的大直沽“元明清天妃灵慈宫遗址博物馆”被列入“2001年天津市政府为民办的二十件实事”之一。“元明清天妃灵慈宫遗址博物馆”于2002年5月1日在大直沽天妃宫原址落成，市区领导出席了遗址博物馆落成典礼，各大媒体及时进行了报道。

随着市委、市政府“平房改造民心工程”的深入推进，河东区区委、区政府于2009年决定在大直沽天妃灵慈宫原址附近重建“大直沽天妃灵慈宫”，奠基庆典仪式庄重、热烈，河东人民无不企盼一座崭新的“大直沽天妃灵慈宫”屹立于世人的面前。然而，25年光阴转瞬即逝，遗憾的是，多项弘扬优秀中华传统文化、展现大直沽历史文化和民俗文化的民心工程（包括“古建大直沽中路”“直沽寨”“津沽旅游商城”）至今没有付诸实现。让我们共同翘首企盼大直沽天妃宫等文化特色风貌设施的重现。

四、“大直沽天妃灵慈宫”庆典与娘娘会

我与同龄人能亲身体验“大直沽天妃灵慈宫”庆典的热闹场面，感到十分幸运。至今我和比我年幼一两岁的弟弟妹妹们谈起儿时“天妃宫”庆典活动的往事，仍感到十分自豪。他们虽然和我的年龄差异不大，但是当年的确还没有把所见所闻印记在脑子里的能力。

在农历五月初一日至初五日祭祀天妃（妈祖）庆典活动期间，在腊月二十三日进入传统小年之后到正月十五日元宵节期间，来自方圆百余里朝拜天妃娘娘的人们，购置祭祀用品、生活用品、年货的人们，走亲串友、逛街看热闹的人们……潮流般涌动的场景，热闹非凡，至今历历在目。

在天妃宫祭祀天妃（天后）娘娘庆典活动中，四乡八镇顶礼膜拜、各有所求的人们纷至沓来，如求福、求寿、求送、求子、求财、问卜的，其中以老幼妇孺居多。大小车辆排满河东田庄至小孙庄一带。一时商贩店铺万货杂陈，小摊小贩蜂拥云集。庙会上卖各种饮食、风味小吃

的（尤其卖时令粽子、江米藕的），吹糖人的，卖避“五毒”奋拉（系在幼儿衣襟上，寓意避除灾害的饰物，比如用彩色绫罗缝制的形似蝎子、蜈蚣、壁虎、蟾蜍、毒蛇等动物串）的，卖老虎奋拉（为幼童祈福吉祥的饰物挂件，就是用绫罗缝制的形似虎头、粽子、桑葚、葫芦、石榴花等的物件串）的，卖小孩玩具（风车、花脸、刀枪、风筝、空竹）的，用黄雀叼签占卜的，耍猴卖艺的，耍咕咕铥（亦称傀儡戏，就是一位艺人躲在用扁担撑起的矩形木架子舞台下，用深色布遮拦起自己，边说边唱边用套在手上的木偶表演戏剧故事情节）的，捅彩（用木板条钉成四十厘米见方的木框，间隔成许多小正方形隔断，装上糖块、小画片、玻璃弹球、橡皮等物品，上面糊上一层色纸，一分钱捅一次，中奖率达百分之百）的，等等，庙会成了孩童们最为快活的乐园。

◎ 天津娘娘会高跷老会

在天妃宫前的庆典活动中，当地士绅和商号在各街口搭大路棚，预备茶点以慰劳各方会友，年年如此；常年不衰。各乡前来参加赛会的有“杜庄子的吹乐”“吴庄子法鼓”“杨庄子法鼓老会”“田庄清音法鼓”“大直沽普济法鼓”等。大直沽普济法鼓的表演在庙会中最具特色、远近驰名。老人们讲：“一套法鼓器件就是半副銮驾。”因为法鼓所用的鼓架、鼓具的木雕制作不但技艺精湛，而且造价不菲。法鼓的演奏由大鼓、铛、镲、铙、钹等法器一起合奏。法鼓老艺人能够演奏几十套“鼓牌子”，鼓曲悠扬，珠圆玉润。击鼓老者是演奏的核心，其双手配合娴熟、稳健潇洒，令人心旷神怡。大直沽“玄帝庙高跷”“同乐高跷老会”“土城高跷老会”“小孙庄高跷会”“王庄子普乐高跷会”“娄庄子同心高跷老会”等以及舞龙、小车会、跑旱船、虾蟹玉蚌、乌龟耍大锤等花会队伍竞相表演，锣鼓喧天，叫好声此起彼伏。

◎ 娘娘会法鼓花会中茶炊表演

五月初二日是大直沽天妃灵慈宫“天妃庆典”的正日子（老辈人讲初一、十五是敬奉佛菩萨的正日子。正如葛沽天后宫“天后庆典”的宝辇盛会的正日子是正月十六日），庆祝活动通宵达旦，热闹非凡。尤其是夜晚的娘娘会出会非常气派，灯火辉煌、喜气洋洋。一排排双手擎着红彤彤串灯、打着鲜艳夺目会旗的人走在队伍的前面；紧跟着天伞护佑下的天妃宝辇；随后是法鼓老会队伍，敲敲打打的鼓点和锣、钵、磬的和声扣人心弦；后面是单人肩挑着的茶炊、双人前后肩挑杠箱的演员

（各两组）。特别吸引人的是“大直沽同乐高跷”，只见扮相英俊、威猛的头棒，双手挥舞着两根近一米长的木棒，棒法套路熟练、潇洒，令人叫绝。渔翁、公子哥分别与扮演他们搭档的金鱼、蝴蝶（演员手持一米多长的藤杆，前端分别系一个小鱼、蝴蝶样的挂件，象征演员的角色）组合的表演，傻妈妈和傻儿子诙谐的形体动作和俏皮的对话以及二棒、樵夫和村妇等角色高难度的表演，各有千秋。加上各两名扮相俊俏（俊鼓）、丑陋的演员（丑锣），身挎着鼓，手持着小锣，击打着铿锵、优美的节奏，上下翻飞舞动着的手臂与身段，使人们情不自禁地跟着跃动起来。清新、华丽的表演风格令人回味无限、百看不厌。舞龙、小车会、跑旱船的排在会尾。浩浩荡荡的庆典队伍沿着义和街由南向北，自大直沽前台儿、中台儿，向后台儿方向缓慢前进。沿途各家门户大开，孩子们骑在大人们的肩上欢呼雀跃。跟随庆典队伍的人们摩肩接踵，男女老少笑逐颜开。庆典队伍一直行进到义和街东头与津塘公路交口处的“志修堂公所”广场上，将天妃娘娘的銮驾安放稳当后，各道花会分别拿出各自的绝活、绝技轮番表演，节目精彩纷呈、美不胜收，令人眼花缭乱。庆典展演一直延续到凌晨，意犹未尽的人们仍然不肯散去。

20世纪50年代初，法鼓、串灯、茶炊担子、杠箱等花会道具以及各种打击器具等，始终寄存在天妃灵慈宫配殿宽敞的房间中。晚间，配殿是大直沽文工团活动的排练场所，团员们演练腰鼓、话剧、鼓曲、相声，是当年我与同龄人晚饭后特别乐意光顾的地方。

◎ 大直沽老胡同

第二章 大直沽宫前的繁华景象

“大直沽宫前”是指享誉世界三大妈祖庙之一的“大直沽天妃灵慈宫”正殿正前方的矩形大广场[1900年，八国联军火焚大直沽，摧毁了前广场的戏楼之后，四周先后被商铺摊亭占用。在广场的东西两侧，形成了两条南北走向，宽二十余米、长一百五十余米的短街——东侧为“宫前街”，西侧为“庙（‘天妃宫’俗称娘娘庙）前街”]及其周边区域（前广场的南北两侧为大直沽前街、中街）。笔者亲身体验过20世纪50年代初“大直沽宫前”商铺林立、车水马龙、人声鼎沸的繁华景象。

经过近三年认真、反复地调研与回忆，笔者精心设计、绘制了“五十年代初大直沽宫前繁华示意图”，并结合制图撰写了两万五千余字的文稿，充分描绘、展示了20世纪50年代初大直沽天妃灵慈宫前的六十余个行业、一百二十多家商铺摊亭及其公益设施，翔实地介绍了当年“大直沽宫前”街市上各家买卖的字号、业主姓氏、经营行业和店面布局情况。大直沽是天津市的发祥地，天妃宫前是大直沽最为繁华、百年老字号最为集中、从业行当最为密集的地域。

凭着儿时的记忆，又征询了多位年长乡里的意见，我精心绘制的“五十年代初大直沽宫前繁华示意图”，得到津门不少文史专家、学者的赞誉。示意图长106厘米，宽76厘米。图右侧占用较小篇幅，通过“大直沽天妃灵慈宫前店铺摊亭与设施（提要）”，把“大直沽宫前”的一百二十多家店铺摊亭及其字号、业主姓氏、所经营内容做了简介。笔者把它们划分为副食餐饮、日用百货、服务修配、医药卫生、社会公益五大行业，同时用绿、红、紫、黄、蓝五种颜色区分开来（图中各个店

◎ 清代天津商贩云集的街景

铺摊亭所处位置用相应色彩标志出来）。在文字提要的下方，附录了大直沽已故老人朱龙泉绘制的“大直沽古貌草图”。古貌草图展示了大直沽的全貌：位于海河的东侧，大直沽的前台儿、中台儿、后台儿被湖、坑、渠、沟（用蓝色标志出）所包围的地势以及分隔状况。古貌图内用红笔描出的方框，便是本图所展示的“大直沽宫前”。特别需要说明的是，大直沽天妃灵慈宫的正殿，其东侧的侧殿、配殿、碑亭以及水井、山门石狮和戏楼等所在的位置，笔者均用红色的线框（实线框表示仍存在的，虚线框表示已经消失的）标志出来。在王振良先生的推荐下，唐文权先生协助完成了“五十年代初大直沽宫前繁华示意图”电子版的绘制，色彩更加靓丽、文字更加醒目。

大直沽已有八百余年的历史。元朝建立以后，大直沽地区漕运兴盛，商贾云集，舟车攸会，聚落始繁。当年的大直沽已经成为九河下梢的直沽（老天津卫），天津地区最早的行政和军事管理中心。1998年大直沽天妃灵慈宫遗址的考古成果为“先有大直沽，后有天津卫”的信史提供了更加真实、生动的诠释；渊源厚重的大直沽是天津文化根脉的史实，一再被考古发现、碑帖典籍、古今学者的论著所证实。大直沽商家的商铺摊亭，当属“大直沽宫前”最为密集、百年老店最为集中、市井氛围最为繁华。

一、副食餐饮行业

旧时大直沽的副食餐饮行业包括：副食（杂货铺、油铺、菜床子、蔬菜摊等）行业，水产（鱼铺、海货摊、干鲜货铺等）行业，粮食（米面庄、面铺等）行业，餐饮（饭馆、酒馆、包子铺、豆腐房、多种早点铺、小吃摊亭等）行业，糕点（汉民糕点店、回民糕点店等）行业，肉食（猪肉铺、牛羊肉铺、雁肉摊等）行业，干鲜果品（干货铺、鲜货铺、小食品铺、冷食摊、糖堆摊等）行业，烟糖茶（烟铺、烟卷楼子、糖铺、茶叶铺等）行业，水（水铺、茶铺等）行业，等等。

1. 副食（杂货铺、油铺、菜床子、蔬菜摊等）

百年老店“荣立居”酱园坐落在庙前街的中间，为坐西朝东的大店铺；“成记”油铺、杂货铺坐落在义和街与中街的交口把角处，坐东朝西。这两家百年大杂货铺都是前店后作坊的商铺。“天兴成”大杂货铺坐落在宫前街的南端，前街上坐南朝北。他们三家与“慎兴隆”老店（位于大直沽后街与义和街交口的西北角），是大直沽杂货行业中的百年老商铺。另有十余家小杂货铺分布在大直沽的街道里巷之中。宋家油铺坐落在宫前街靠北，坐西朝东。高家油铺坐落在庙前街靠南，坐东面西。

“荣立居”酱园是由赵立轩（生于1868年）和门荣亭两位老先生于清末民初合资经营的，取他们两人名字中间二字，加上酱园“居”的惯称，故起名“荣立居”。20世纪50年代由赵老先生的长孙赵宝鑫（原河东区人大常委会副主任、区工商联名誉主席）掌管，主要经营南北杂货、副食调料，兼营蔬菜（俗称菜床子）、日用杂品，零售兼批发。后店设酱房，自制伏酱、双套秋油，加工腌制四季风味酱菜。所谓伏酱，指的是面酱。伏酱并不是伏天生产，而是指酱到了伏天便成熟了。它的原料是蒸熟不兑碱的馒头，经温室发酵后，入缸加盐。春天少雨、日照时间长，用大缸晾晒、串耙翻倒而成。这样酿制出的面酱叫天然面酱。现在市场上出售的面酱，多是速成烤制的火缸面酱，只用两周时间烤熟，味道不如天然面酱醇香甜润。双套秋油是指二次酿制的酱油，即把酱油坯（豆瓣酱）加水，第一次滤出酱油后，再放入酱油坯后重复滤之，酿得酱油的汁浓味香。加工腌制酱菜时，除了利用后院，还需要另租场地，主要的工具是几百口大缸。每年秋季后期是腌菜的季节。如五香疙瘩头，从霜降节气腌上芥菜，十天后取出缸后阴干；到来年的清明节时切口加入五香面，再入缸密封；经日晒四五个月后，在中秋节前后开缸出售。整个生产过程持续一年（成品五香疙瘩头气味醇厚，口感肉头儿），每个生产环节都需严格把关，否则会影响腌制的质量。由于百姓日常食用离不开面酱、咸菜、酱菜等，它们的价格又比较低廉、稳定，因此酱坊生意被称为子孙买卖，长久不衰。

"荣立居"酱园杂货店在经营蔬菜（菜床子）上也深下工夫，在蔬菜销售旺季，日销几千斤。为了确保蔬菜新鲜，"荣立居"在后院打了一口水井。尤其在春夏季节，当天收购进来的青叶菜，必须用阴凉的井水浸一下，然后覆盖洇湿的塘席，以保证蔬菜的鲜灵、挺拔。在冬天则挖菜窖，不仅储存大白菜不干瘪，对于菠菜、芹菜、辣椒等细菜也能保持其本色，深受附近居民的欢迎。酱坊卖蔬菜的有利条件是，每天歇业后剩余的蔬菜，如萝卜、苤蓝、辣椒、黄瓜、茄子、豆角等都可以入缸加盐腌成咸菜，从而确保了菜床子上蔬菜的新鲜。我在儿时曾跟随父亲走进"荣立居"酱园的后院找赵大伯办事，见到店铺的账房、作坊设在后院。看到酱制调料和腌制酱菜的大缸，顺着墙根一个挨着一个；在院子中央也整整齐齐摆放着一排排的大缸。在每个缸上都盖着一个形如斗笠的大帽子，是为了防备酱制、腌制的半成品被雨淋或被灰尘污染。酱园雇佣的十余名伙计在院子的里里外外不停地忙碌着，老店的生意显得红火有生气。据大直沽的老人讲，20世纪二三十年代"荣立居"在大直沽后街还有一家分号。

"成记"油铺是一家百年杂货老铺，由窦成美老先生创业，后由其长孙窦洪业继承，与其四弟窦洪书共同经营门面，并雇佣了几名伙计。"成记"油铺在经营食用油上最为出名。我记得小时候帮家中打油，经常去"成记"油铺。在敞亮的店铺中，黝黑锃亮的大柜台显示着老店深厚的根基。柜台的前面摆放着一溜儿用白铁打制的大油桶，分别盛放着芝麻油、花生油、黄豆油、菜籽儿油等食用油。每个油桶的口上，都挂着大小不等的油提漏（如圆柱形小碗的外端，焊着一个细长的把手，上部弯个小钩便于挂在油桶口处）。提漏大小不一，有的可以一次提上一斤油，有的可以提上半斤、二两、一两不等，便于在卖油时直接用它舀满；用它通过漏斗把油灌到买主的油瓶子里，就不必再用称去称量了。在“成记”油铺的后院还设有糖坊，专门生产糖色和糖色干（制作调料、酱油的原料），由大掌柜窦洪业的三弟窦洪福经营。

记得儿时捉迷藏，跑进糖坊与刘家大院共用的一个过堂跨院的糖色作坊院落时，看见院墙边一字排开的几口熬糖色的大锅，冒着滚滚的蒸气。店铺伙计们使用安着长木把儿的勺子，把熬成绛红色、浓稠的糖色浆液，倒在铺着一层灶膛草木灰的用大青砖砌的地面上（不使糖色浆与青砖粘上，且草木灰洁净），晾凉后便凝固成一片片糖色干饼子了。

梁家“天兴成”杂货铺的经营规模与“成记”油铺相差无几，是个百年杂货老店。听我的姑姑讲，经营者是我们的本家长辈，姑姑称店铺的主人为二大伯。“天兴成”的铺面宽敞，货物充盈，讲究信誉，童叟无欺，深受大直沽乡民的信赖。“天兴成”尤其对身上没带现钱或生活窘迫的老乡里关照有加，其先拿货后付钱的赊账方式受到大家的赞扬。“天兴成”每日客人川流不息，买卖红火兴旺。

◎ 水果小摊贩

菜床子的经营者还有宋老、焦林（两家都坐落在大直沽中街上，宫前街与庙前街之间，分别为坐南朝北、坐北朝南的门面）、唐大德、韩大起四家（唐韩两家均兼营水产），还有冯二宝的菜摊子。蔬菜经营是尤为辛苦的一个行当，每天出摊最早。鲜鱼水菜（“鲜鱼水菜”是对水产和蔬菜两个行当的俗称）的摊前，每天清晨就被家庭主妇围得里三层、外三层。天妃宫正殿以东300米开外就是大片的庄稼地、菜园子（俗称老虎地），再远一点儿就是贾家沽道、郑庄子、东局子、汪庄子、娄庄子、吴家咀、潘庄子、杜庄子、詹庄子等村庄，有很多侍弄菜园子的菜农把式。鲜菜旺季，他们从郊外赶着驴车、马车，把新采摘下来的蔬菜直接送到菜床子上（如同现在时尚的直销方式）。菜摊的小本经营者，则从邻近的菜农手中直接采购新鲜蔬菜，自己挑着担子或拉着排子车（两个胶皮轱辘的手推车），把菜运到街上的菜摊销售。

宋家、高家的小油铺，专门经营食用油。他们由于买卖和气、价钱公道，所以经常光顾的老主顾也不少。

2. 水产（鱼铺、水产摊、干鲜货铺等）

唐大德的鱼铺坐落在前街，位于宫前街、庙前街的南口中间，坐南面北。韩大起的鱼铺坐落在宫前街北头，坐西面东。还有王二发、刘顺的鱼摊等。唐家、韩家的门面规模都比较大。唐大德的嗓门儿，粗犷、沙哑，很有特点，从很远处就可以听到他叫卖鲜鱼、鲜虾的吆喝声。王二发、刘顺的鱼摊分别有几个大小不等的木制鱼盆摆在焦林菜铺、“成德”绸布店的附近。由于大直沽靠近海河，毗邻渤海的优越地理位置，所以河海二鲜货源充足。鲜鱼水菜摆在他们两家的门前，生意显得更是火爆。记得儿时海鲜上市的旺季，一个挨一个卖海货的临时摊贩挤满了宫前街的两侧。他们挑着担子、提着提盒儿，把煮熟的通红的大海蟹、大海虾沿街摆开。熟海蟹一个一个地卖，熟海虾则一对一对地头尾倒插在一起叫卖。“当当买海货，不是不会过”的大直沽人，不失时机地为鱼铺、鱼摊主人的生意锦上添花。

孙家干鲜货铺坐落在宫前街，位于韩家鱼铺靠南的隔壁。干鲜货是指晒干或加工后的海鲜产品，如虾皮、小虾干儿、大虾钱儿、干鱿鱼、鲜鱼干儿、大海鱼等干海货。

3. 粮食（米面庄、面铺等）

王家的“庆大米庄”坐落在宫前街靠南一些的地方，是坐东朝西的大门面，主人为王嘉祥（值得说明的是，这家米庄的前身是大直沽李氏家族，即李耀曾、李学曾兄弟开设的“同兴东号”粮店。1943年时李氏家族分户单过为止才转手给王家经营）。“庆大米庄”有临街铺面三间，后院有住房三间、库房四间、大罩棚一个作为小型加工作坊，是一家小有规模的前店后厂粮店。一直到20世纪90年代末平房改造前，这里还是“大直沽宫前粮店”，其后院房产仍然作为粮管部门办理粮食关系、手续的办公室（人们只有绕行到大直沽中街的王家胡同里，才可以找到“庆大米庄”后身的办公室窗口）。

20世纪50年代初粮食供应紧张，国家施行粮食统购统销，按人口、年龄、工作岗位等规定配发、定量供应，并采取凭粮本、粮票购买粮食的方式，一直持续到“文革”后期。孩子多的家庭一般粮食都很紧张，人们期盼每月二十五日的借粮日提前预支下个月的粮食。试想，月复一月如此反复，谈何借呢？可是每到月底，人们都盼望着这一天。到了那天一大早，人们就在米面庄（粮店）前排起了长队。

米面庄还有“吉兴粮庄”“益兴厚记”“永兴隆”几个大铺，承担着大直沽乡里数千人口粮食供应的重任。说起粮食行业，要特别提及大直沽的乡贤赵佩恒先生（人称赵五爷）。赵五爷早年丧父，兄弟多人。家境虽然富庶，但为了养家糊口，他过早地承担起生活的重担。他先开办了“吉兴粮庄”和“益兴厚记”两个粮庄。由于经营有方，恪守行规，不掺杂使假，老少无欺，秤平斗满，赢得乡里百姓的赞誉，生意日益兴隆，深孚众望。良好的声誉为他后来从事中医药行业、创立慈善小学（免收学杂费，无偿提供书本、文具，专门为穷苦大众的孩子办的小学校）等惠民善举、义举，积累了资金，奠定了坚实的基础。家父梁瑜曾在这所慈善学校上学，只用了两年半就完成了小学六年的学业。父亲十分仰慕五爷的学问与人品，长大以后决心以五爷等乡贤为楷模，做过很多被乡亲、邻里敬佩的事情，被大家尊称为梁先生。我从小跟在父亲身边，见到人们都这样和父亲打招呼，也从心里感到自豪。

4. 餐饮（饭馆、酒馆、包子铺、豆腐房、多种早点铺、小吃摊亭等）

饭馆有“西顺南号”“同发居”和邢家酒馆、李家酒馆以及李家“富美“富美居”包子铺、裴家豆腐房、邢家“西顺”豆腐房。特色早点铺有黄家的锅巴菜铺、李家（李二娘）馄饨铺，还有郝家（郝娘）面茶摊、辛家茶汤摊、任家的锅贴摊等。大直沽宫前的早点还有李家的切糕（人称切糕李），张家的煎饼果子（人称张小辫），李家（李四爷）的素卷圈，刘家的乌豆，张家、王家的烧饼、大饼摊亭，毕家、于家、胡家的果子铺等等。他们每天早出晚归，各自打点着各具特色的生意，货真价实、有口皆碑。

◎ 小吃摊

秦家的“西顺南号”饭馆坐落在大直沽前街与前张家胡同交口处，坐南朝北（以后迁出到六纬路，铺面改为“东风”书场），店主为秦玉祥。崔家的“同发居”饭馆坐落在宫前街靠北一些的地方，是东西过堂的铺面。当年老字号饭店的特色风味菜名不虚传。记得老人们说，饭店掌灶的大师傅对主料、副料和辅料的投入都十分讲究。对于辅料，尤其讲究调制高汤、烹制酱料的绝活儿，不同的菜肴佐以不同的汤汁、酱料，才得以烹制出独门菜品的色、香、味来，赢得食客的赞誉，赢得回头客。当然，美味的菜肴少不了美酒为伍。大直沽的饭馆得益于近水楼台的三十几家烧锅（酒坊）源源不断、质优价廉琼浆的供给。

自古以来大直沽酒的美誉蜚声华夏，“名酒同称大直沽，相如琥珀白如酥”。大直沽酒坊的酿酒技艺、得天独厚的醇美水质（当年海河引进御河水，甘洌可口）固然重要，更重要的是严格的配料和操作方法，成就了“直沽高粱”白干酒和“玫瑰露”“五加皮”“状元红”等品种的再制酒畅销海内外。1930年《天津志略》记载：“天津烧锅最盛时多达二十七家，而大直沽就有十六家。”这也是宫前位于前街坐南朝北的邢家酒馆，位于中街坐北朝南的李家酒馆门庭若市、买卖兴隆的先天优势。从酒馆门前五十米外的我家屋中，就能够听到李家酒馆传出的猜拳行令呼叫声。猜拳行令是人们在饮酒时，为了助兴琢磨出来的一种有趣、益智的方式，目的是活跃饮酒时的气氛。一般，酒席上坐的都是客人，多有互不认识的宾客。各挥舞一只拳摆出各种样式的双方，那跃跃欲试的架势就像催化剂，使酒桌上的气氛顿时活跃起来。最常见的一种决定胜负的方式是判别“同数”，即“猜拳”的双方各伸出一只手的手指姿势代表一个数，两个人出手的同时喊出某一个数，如果两数之和相加恰恰等于某一方喊出的那个数，那个人则成为赢家，输了的另一方就得喝酒。如果双方喊出的数相同，则打了个平手，如此反复再进行下一轮。酒令词慷慨激昂，什么“六六六”“七个巧”“八匹马”“都来了呃”，诙谐有趣。

被美酒降服了的酒迷，常常出现在大直沽天妃宫前的大街上，也常常吸引着我们这些小孩子跟在他们的身后看热闹。更有甚者喝得酩酊大醉，倒在街头，有的吐得稀里哗啦进入梦乡，鼾声如雷，不省人事；有的流着口水、闭着双眼、含糊不清不停地谈天道地。美酒瘾君子的不雅举止实在令人生厌。

儿时虽然不常下饭馆，但是记得当年有一次跟随父亲招待亲友，我在“同发居”用餐后记住了“爆三样儿”这个大众菜的名字。这个饭馆“爆三样儿”的味道，令我六十年都未曾忘怀。大厨师傅只用了那么几样低廉的大众食材，却烹得出那样鲜嫩爽滑的口味，这么多年以来那难以忘怀的口感记忆犹新。以后每到饭店用餐，都会情不自禁地点到“老爆三”（当年的“爆三样儿”如今叫“老爆三”）。遗憾的是，这些年来，虽然品尝了不同档次饭店的“老爆三”，已然不复有当年的味道，这绝非戏言。由此可见，当年饭店当家大厨调理高汤、酱料、配料，烹调美食佳肴技艺的过人之处，又怎能不令人钦佩当年的手艺人对行业技艺传承的用心至极。

“富美居”包子铺坐落在庙前街，坐西朝东，由李大伯老两口操持，只经营猪肉馅包子，没有见到他们雇佣过伙计。两间店铺，一间用来操作，一间用做店堂。经常看见李大伯戴着用一条线绳系着眼镜腿的老花镜，气喘吁吁地跟老伴忙里忙外打点着生意。从络绎不绝吃包子的客人可以感受到包子的货真价实，深受邻里和南来北往食客的欢迎。

要说大直沽宫前的早点，先得说说宫前纪家的“西顺”豆腐房和裴家的“裴记”豆腐房两家老豆腐作坊。纪家的“西顺”豆腐房坐落在宫前街中间，坐西朝东。裴家的“裴记”豆腐房坐落在宫前街的南头与前街的交口，坐北朝南。每天早晨是豆腐房生意最繁忙的时候，吃早点的大人、小孩儿络绎不绝地出出进进。豆腐脑儿三五分钱一碗（小碗三分，大碗五分），豆浆二三分钱一碗。当年，天天能喝上豆腐脑儿、豆浆的，家境算是不错的了。一般的家庭，给了孩子吃豆腐脑儿的钱，就不会再给喝豆浆的钱了，平时吃根果子（油条）都是不敢奢望的。豆腐房还经营块豆腐、香干、豆腐丝等系列豆制食品。虽然说豆腐房是和龙王爷打交道（大量地用水）的买卖，可是当年的老板绝不敢弄虚作假、偷工减料。因为你家的豆浆不起皮儿（达到浓度的热豆浆，稍凉后会泛起一层可口的豆脂皮儿），豆腐脑儿的卤子、调料给得不足，明天人家就不会再来光顾了。显然，同行当的买卖家之间的正当竞争对消费者是很有益处的。

黄家的锅巴菜铺坐落在庙前街，坐西朝东。李二娘馄饨铺坐落在黄家锅巴菜的斜对过靠北一些。黄家锅巴菜铺用绿豆面摊制的煎饼十分筋道，锅巴菜味道绝不亚于红桥区“大福来”的锅巴菜。泡在卤子里的绿豆煎饼的筋道劲儿，一直到吃完也不会泡成黏稠的煎饼糊。他家还有特色锅巴丸子汤，是吃客们非常钟情的一道美味汤品。锅巴丸子形如饱满的大黄豆（用碎锅巴加入调料、淀粉，用食用油炸制成有弹性的小丸子）。抓上一把丸子，再加上香菜、小料，然后浇上滚开的大骨棒子汤。呵！尤其在冬季，热气腾腾泡上饽饽，花钱不多吃得暖暖呼呼。条件好一些的食客，吃过锅巴菜和芝麻烧饼，再喝上一碗锅巴丸子汤，更是不亦乐乎。身体结实的黄老掌柜老两口儿和独子、三个女儿，每天早晨忙前忙后地张罗着生意。收了摊儿后，他们好歹噗噜上一顿午饭，又着手准备摊、炸明天的锅巴、锅巴丸子了。

面茶这道小吃，现在在回民早点摊、店中偶尔还能够见得到。讲究的面茶主料，是用黄米（糜子）磨成的浆汁熬成浓稠适宜的糊状。每次先盛半碗黄米糊，撒上一层用香油调稀了的芝麻酱，再撒上一层芝麻盐（把炒熟了的芝麻和炒得焦黄的花椒碾成细末，加入盐拌成）调料；然后再把米糊盛满，按如上方式再撒上一层调料。香浓的面茶浓稠适中，趁热食用最为相宜，是老人们非常中意的早餐。面茶如果放凉再吃，如同一碗黏稠的糨糊，就勾不起人的食欲了。郝娘的面茶摊坐落在老伴儿郝大伯经营的小理发铺（独间二层小楼，楼上住人）的门前，位于黄家锅巴菜铺的北侧。春秋时节，几乎每天都能看到留着短发、矮胖的郝娘，为了生计坐在自家门前的板凳上，把泡好的黄米连同清水舀到小石磨上方的孔里，不停地推转着石磨。黄米浆汁一点点地从磨盘中间流到下边的托盘中。到了夏季伏天，提前磨出的米浆无法保鲜，郝娘只得半夜起身，赶在天亮以前磨好米浆才不耽误生意。小吃生意经营者的艰辛由此可见一斑。

◎ 饭摊

茶汤不同于面茶的口味，它是甜食小吃。现在闹市风情街上的龙嘴大铜壶，是其显著的行业象征。当年辛家的茶汤摊坐落在天妃宫前小广场偏殿的会所门前。茶汤的主料是高粱面或黄米面，副料仅有面红糖和青丝、红丝（橘子皮切成细丝，加入食色，用食糖煨成）而已。值得介绍的是溏茶汤，是摊主专门为老人们冲制的稀茶汤，类似于稀粥一般，便于老人吸收消化。溏茶汤虽然使用大碗冲制，但是价钱比小碗黏稠的茶汤并不贵，深受老年人的欢迎。我在学龄前那个时期每天早上陪着奶奶去喝溏茶汤。奶奶蹒跚地迈着缠足的双脚，拄着爸爸给买的古铜色的老藤拐杖，我拉着奶奶的衣襟跟在身旁。直到现在，奶奶每次喝茶汤时发出的吸溜吸溜的声音依然萦绕在耳旁。奶奶经常会给我买一小碗茶汤，这也是儿时不愿离开奶奶左右的一个理由吧。现在茶汤的主料、副料种类名目之多样、价位之强劲攀升，真是令人瞠目结舌。昔日三天两头品尝的廉价美味小吃，今日竟然让我敬而远之。

令我记忆犹新的是经营锅贴的任大伯、任大娘。这是两位至今让我肃然起敬的老人。任大伯身材颀长且瘦弱，一只眼睛还有些毛病。老两口儿推着一辆载着面、馅、炉火和工具的长排子车，一年四季站在中街与义和街的交口处，辛勤操劳着生意。当年就是这样规模的小买卖，却要养活九个孩子（七儿二女）。在那样艰难的岁月中，他们还硬要含辛茹苦地支撑着，他们有着超常艺术才能的长子任喜元，顺利地考进了天津音乐学院附中，继而升入天津音乐学院，最终成了一名优秀的民族弦乐演奏家。他们老两口儿是大直沽千百位不向命运低头、自强不息、奋发向上父母的典型，是我们这一代人可亲可敬、感恩不尽的父母楷模。

说到这里，还得表一表大直沽宫前的“小吃三绝”,有经营冷食、糖堆儿、糖粘子小吃摊的魏家和刘家，还有经营五香果仁的左家。魏家和刘家两家的摊位分别位于大直沽前街“春利成”干货铺的东西两侧。魏家糖堆儿名气很大，在销售旺季的秋冬时节供不应求，每天排队的人络绎不绝。魏家熬制冰糖的火候不温不火、恰到好处，红果粘上冰糖晶亮、爽脆。摊主魏掌柜时常面对着客人展示自己熬糖技艺的高超——把糖堆成品放到炉灰中，取出来以后用鸡毛掸子掸去炉灰干净如初，传为美谈。刘家的特色糖粘子远近驰名（刘大伯先天驼背，为人厚道、非常勤奋，人称刘罗锅），秘诀在于熬制砂糖的独到技艺：当红果粘到熬开了的糖浆后凝成洁白如雪的样子，令人称绝，垂涎欲滴。此外再说说左家独门配方加工、烘炒的五香果仁。左师傅家的炒果仁只在自家门口卖，从不走街串巷，再大的雨雪天也会销售一空。很多买主专程从一二十里外赶来约上几斤带给乡邻们。这三家小吃被乡里统称为大直沽的“小吃三绝”，至今被大直沽的老人儿们啧啧称道。

5. 糕点（汉民糕点店、回民糕点店等）

“权利香”糕点店坐落在宫前街（中间位置）9号，坐东面西，是一家百年糕点老店，拥有雄厚的经济实力、丰富的制作经验，并有不小的糕点作坊（在义和街东王家胡同九号，公私合营后改为民居。我家和十余户居民曾经搬入居住了三十余年），作坊的后院是李家的私宅。它与前店后厂的回民糕点店“桂芳斋”各具特色，是20世纪50年代初大直沽仅有的汉、回两家糕点店。

“权利香”的创始人李景骏老先生，早年是天津名糕点厂的师傅，新中国成立后培养其子李世权经营。他家糕点选料上乘，制作精细。尤其各种四季应时产品，如端午粽子、中秋月饼、元宵汤圆，供不应求、以质取胜。记得每当端午节之际，“权利香”都要在店门前放上两只盛了半缸凉水的大荷花缸，在每个缸的上面支上长条形的木板和准备好的包粽子的材料：折叠好的一沓沓（每两张芦苇叶折成一小沓）粽叶，裁好的细绳，泡好的江米、豆沙或小枣（天津传统粽子只有这两种馅料）。包粽子第一步：小伙计骑在条形的木板上，首先熟练地拿起一沓粽叶，两只手轻轻一翻转，迅速叠成斗状小兜；第二步：在兜内适量放进江米和馅料（江米过多，煮熟后会涨溢出）；第三步：用右手的五指托好并掐住粽子坯子，左手顺势把粽叶叠裹成四角形（三棱锥状）；第四步：右手拿起细绳的一头儿用牙咬住，并用这只手抻直细绳另一头的同时紧绕粽子一周；第五步：用右手抻紧细绳，贴着粽子别成个扣儿，继而系上个活结儿且系牢。我总结出一个口诀：“一叠兜，二投料，三裹型，四绕绳，五紧结。”包一个粽子，五个步骤一气呵成，前后只需十余秒钟。包好后扔进缸里，小伙计马上又抄起一沓粽叶，如此反复。

“权利香”的炉粽子也是端午节人们喜欢食用的糕点，其做工如同白皮儿，做成粽子的形状，一般采用豆沙馅、枣泥馅。炉粽子尤其受到老年人的青睐。

20世纪70年代后期（“文革”以后），李大伯被大桥道街办事处聘请，组建了“大桥道糕点食品店”，生意兴隆，效益大增，尤其沿用传统技法（水磨江米面、特色配方馅料）生产的“大桥道汤圆”名扬津门。现在，如果提起“大直沽”，河东区以外的“70后”“80后”的年轻人，说不出大直沽在天津市的确切位置，更别提了解大直沽是天津这个大都市的发祥地了。而如果说起“大桥道汤圆”，大部分年轻人都能够说出大桥道在河东区（尽管大桥道糕点店在市区设立了很多分店）。这个笑话会使每一个关注天津城市文化之根大直沽、关注弘扬大直沽历史文化的人，心中泛出无尽的苦涩。笔者真心希望早日看到河东区开发出具有历史文化特质的旅游、商贸经济，给几代曾经为弘扬大直沽历史文化遗产努力奋斗的人们一个实实在在的回报。在今天狠抓、猛上“大项目、好项目”的同时，要使全市人民看到河东区的时尚现代文化与传统历史文化交融的新型服务业的全面崛起，让自金代以来商贸事业繁花似锦的大直沽屹立在海河之滨。

1988年大桥道食品店由李大伯子女接班后，他们继承前辈的业绩，开拓创新扩大发展，一年迈上一个新的台阶，成为四远驰名、誉满津门的糕点食品大店，并在兄弟省市设立了连锁店。大桥道食品店无愧于“糕点世家”的美誉，是大直沽老字号至今驰骋市场的仅存者。据大直沽八十多岁的老人讲，20世纪30年代“权利香”在大直沽还有两户分号，分别在大直沽前街靠西处（邻近“福泉池”澡堂）和大直沽义和街的北头（邻近药王庙的上坡）。现在，老大直沽人还十分怀念当年的“权利香”老店，无论在销售旺季还是在销售淡季，自产自销的糕点质量始终如一，保持经营本色。

“桂芳斋”回民糕点店坐落在中街19号与庙前街交口处（在我父母经营的“华昌祥”鞋帽店的对过）。老板沙廷臣是个很有经营头脑的买卖人。尤其在夏秋时节的中华传统节日，经常看见他在门前热情地招揽生意。他手持棕榈拂尘不断地挥动，驱赶着小飞虫，笑容可掬地招呼着客人。儿时的我由于好奇，曾经跑到后店看师傅们制作糕点。当时的烤炉都是聘请专业烘炉师傅用红砖垒砌的，作坊中的烘炉散发出浓浓的糕点香气，让人垂涎欲滴。作坊师傅担心碰着、烫着我，常常往外赶我，我总是恋恋不舍地离去。

6. 肉食（猪肉铺、牛羊肉铺、雁肉摊等）

大直沽宫前的猪肉铺子有“利德号”“杨记”“福发顺”“刘家肉铺”。

“利德号”猪肉铺坐落在中街上天妃宫山门口的东侧，坐北朝南。铺子由李国泰老先生（因儿时患眼疾留下疤痕，人称李疤眼）创办，新中国成立后交与其五子李广禄经营。除了养殖生猪（在他家居住的东下坡附近修筑了猪场饲养生猪）、出售猪肉，“利德号”猪肉铺还大量自制酱制熟货，零售兼批发。肉铺西侧的店房还兼营一间酒馆，可谓多种经营，销售额位居全市同行业前列。

杨家的“杨记”猪肉铺坐落在庙前街南头，坐东面西。李家的“福发顺”猪肉铺坐落在宫前街，毗邻“庆大米庄”的南侧。“福发顺”猪肉铺由李炳奎经营。前一间店面卖猪肉；后一间店房兼做粉坊，由其母操作，是大直沽一带较有名气的粉坊，采用红薯粉、土豆粉、绿豆粉等原料制作粉丝、粉皮等。“刘家肉铺”坐落在中街与太平街交口靠东处，坐北面南。

几家回民经营的牛羊肉铺子不仅规模较大，而且各自兼营特色食品生意。黑家字号“恩元永”，坐落在“桂芳斋”回民糕点铺东侧隔壁，兼营酱牛羊肉、杂碎和蒸食（裹着小豆馅的蒸饼、馅切糕、糖三角、甜味的两色面食开口花糕，等等）。

回民的蒸食不仅品种多样，而且做工十分精细地道。首先讲究水和面的软硬程度，根据不同蒸食的口感，水与面的比例不一样；讲究在发酵了的面团中，使用老碱、揉搓的火候；讲究掺入干面粉的次数、时机（蒸开口花糕还需要再次发酵）；讲究煮制小豆馅的技巧，等等。儿时的下午，我经常能看到对门黑家的师徒熬制红小豆馅。他们先把红小豆煮到刚刚开花（小豆煮得开口即可），然后先在很大的平底锅中放入少量清水，再放进大量的红糖不停地熬，锅中的糖浆咕嘟咕嘟地冒出气泡，同时要用长把儿的铲子不停地搅拌。然后再把开了花的小豆放到锅里，继续不停地搅拌，直至煮到稀巴烂，前后得用两三个小时。看似很稀的豆馅，冷却后黏稠得恰到好处。我特别喜欢蒸食里小豆馅那种特别的口感，后来得知其缘于熬制豆馅时添加了适量的老碱。

王家字号“德利顺”，兄弟多、人手齐，铺面坐落在宫前街与中街交口，自早到晚全天候供应蒸食、炸糕、果子、酱牛羊肉和杂碎等。金家的店铺坐落在“权利香”糕点铺的对过，坐西面东，晚上兼营馅饼、水饺，很叫座。宫前街马家经营牛羊肉的铺子，坐落在庙前街与前街交口处。李家的店铺坐落在“桂顺斋”糕点店西侧隔壁。

雁肉摊是由姓张的师傅自产自销，他家租赁天妃宫大殿东侧、“成记”杂货店存放货物的栈房居住，加工熏制雁肉、雁灯（剥去了雁肉的骨架，便宜卖给贫苦人）、鸡肉、兔肉、铁雀儿（即油炸后烹制的麻雀）等。由于烹制采用家传秘方调料，使用多年延续的老汤，所以熏制出的成品色彩浓重、味道醇厚。白天其家人参与制作，傍晚张师傅抬着提盒在庙前街与中街交口处或庙前街与前街交口处摆摊叫卖。“雁肉哎、雏鸡哎，烂糊地哎。”他的吆喝声响亮而悠长，别有韵味，至今难以忘怀。

7. 干鲜果品（干货铺、鲜货铺、小食品铺、冷食摊、糖堆儿摊等）

干货老店 “春利成”和“义兴顺”两大户，经营品种齐全、应有尽有，有核桃、柿饼、元枣、脆枣、蜜枣、小枣、花生、花生仁、黑白瓜子、葵花子、榛子、松子、栗子等等，举不胜举。“春利成”干货铺坐落在宫前街的南端，坐北朝南的两大间门面，从六纬路经过前张家胡同进入宫前街的必由此经过。“春利成”干货铺比坐落在前街上坐南面北的“义兴顺”店铺的地理优势大多了，买卖也自然红火许多。记得儿时每当和父亲走过“春利成”干铺货时，只要被热情和气、满面春风的店老板成六爷（武清县安平镇河西务成兴庄人）看见了，他总是两手掬着一大捧干货赶过来，往我的口袋里塞。

经营鲜货（水果）的主要有郭家的鲜货铺，周二、刘胖子的鲜货摊等。郭家鲜货铺坐落在天妃宫山门口的西侧，是紧挨我家的邻居。郭爷爷和郭奶奶对我从小关爱有加，他们老两口儿经常送给我水果和小玩具。儿时玩了多年的竹制宝剑、宝刀、藤制的三个套装小簸箩等，都是他们二老送的。新中国成立之初，年事已高的郭爷爷已经不以经营水果为主了，开始兼营一些儿童玩具和零食。在我长大一些以后，才得知郭爷爷年轻时非常善于经营水果买卖。据说郭爷爷年轻时就从原海河边马家口（现锦州道与张自忠路交口处）的锦记货栈批发水果（货栈中的各种水果鲜货，大部分都是用大帆船从南方通过海上漕运，经由渤海湾，再经过海河运到天津卫的），自己用排子车拉回来。他每天起五更睡半夜，必须天不亮在货栈开市之前赶到，否则就批发不到新鲜、廉价的水果了。

周二的水果摊设在“西顺”豆腐房门外的墙根处。刘胖子的摊位在马家羊肉铺的侧面把角处，天热时经营冷食。

8. 烟糖茶（烟铺、烟卷楼子、糖铺、茶叶铺等）

邢家烟铺不仅经营烟卷，还经营各种档次的烟丝、烟具等，坐落在宫前街的北口。烟铺的邢老板常年雇佣一位年长乡亲帮助打点生意，亲如一家。

穆家烟卷楼子坐落在我家对过、“桂芳斋”糕点店的旁边。烟卷楼子是用木板、油毡搭建起的简易小房子。穆二爷和穆二奶奶育有两个女儿，早已婚嫁。虽然女儿都孝敬老人，可是老两口儿仍然不甘寂寞、自食其力。为了适应当时人们生活水平低下的实际，二老的经营方式十分灵活，哪怕零买一两根烟卷也可以。我在学龄前是二爷烟卷楼子的常客，二位老人待我特别亲近，我几乎每天都要让二爷讲故事。二老还常给我吃他们自己炒制，用来零售的虎皮崩豆。这些半个多世纪前的童年往事，今天仍如在眼前一般 。

“宏业”茶叶铺坐落在中街靠东一些，坐南朝北。它的经营者李连清伯伯当时年纪轻，是一位热心公益、服务社会的爱心人士。

赵家经营的糖铺，坐落在前街靠西，坐南面北。主人因视力不好，被人戏称瞎老道、瞎老赵。糖铺出售砂糖、面糖、糖块。糖块都是自制的，是把一些不同的中草药或调味品、食色与白砂糖放在一起熬制后切成小块儿而成。糖块儿除了自销，还向小摊、小贩批发。老人的二儿子长我两三岁，经常邀我到他家里玩耍。

9. 水（水铺、茶铺等）

20世纪50年代初，宫前只有一户水铺，由尹伯伯夫妇经营，水铺坐落在前街与庙前街的交口处。

新中国成立初期，水铺的门前已经安装了自来水管，有个口径较大的水龙头，便于买水的人们用水桶接水，也便于水夫（送水的师傅）把水装进水车，送到较远居民的家中。早年没有自来水时，水铺的主人雇佣水夫到海河边汲水、送水。由于50年代初自来水还没有进入胡同、家庭，所以还依靠水夫挨家挨户送水，这是一件十分辛劳的差事。水夫或靠人力，或赶着驴车、马车，车上装有椭圆形的木制水箱。水箱的后下方有一个出水口，用裹了棉布的木塞堵住。水车拉到各家门前，一旦拔开木塞，水柱急速冲出水箱，水夫需要熟练、快速地把水桶摆在适当位置，否则辛苦拉来的水就会大量流失掉。尽管如此精心放水，还是洒到周围不少。用木桶接满水后，需要水夫挑到居民的屋里，倒进水缸内（一分钱一桶，二分钱一挑儿）。

◎ 旧时人力送水车

早年，我的爷爷在天妃宫山门口（大直沽中街22号）经营人人熟知的梁家茶铺。茶铺（茶馆）平日是老年人相聚聊天、品茶休闲的好去处。在农历腊月、正月、五月等祭祀和庆典天妃娘娘的日子里，四方香客云集，茶铺就成了人们大量汇聚的地方。显然，热茶是无法满足大家需要的，爷爷奶奶和家人就主动、热情地向人们无偿提供白开水饮用。因为，那样的岁月里赶庙会的人多是穷苦大众，大家在那么热闹的日子里，谁也没有那么多的讲究。

◎ 百姓茶馆

父亲在青年时代，与曾经帮助我家挑水的同龄水夫师本起（师伯伯自幼丧失双亲，多年被我的爷爷奶奶照顾、呵护）结为终生不渝的穷弟兄的往事，至今令我们兄弟姐妹深受感动。当年街道、胡同的路面没有铺沥青，完全是土路，大雨过后泥泞不堪，深一脚浅一脚的。尤其在冬季冰天雪地的日子里，水夫和水车人仰马翻的情形时有发生，而且滑倒时还可能把装满水的木桶摔碎。一年深冬大雪过后，父亲看到一位一只手残疾的中年水夫，坐在雪地上望着摔碎了的水桶痛哭。搀扶他时，他反而哭得更加伤心。因为丧失了谋生工具的他，在为明天的生计发愁。家境并不宽裕的父亲劝慰并答应他帮助修复水桶时，他才停止了哭泣。当时，父亲买了一个大饼裹上酱肉，送给他解燃眉之急。残疾水夫万分感谢，急忙跪下来要给父亲磕头，被父亲断然拒绝。

水铺不仅供应凉水，而且供应开水。水铺一般使用木材厂廉价的下脚料（碎木板条和锯末）烧水，易燃的材料保证了火势的强劲。两个烧水大铁锅的上部，用白铁特别打制出圆柱形的锅帮，与大锅合为一体，增加了水的容量。店主人总要站在一个用木板钉制的台子上，以便往锅内加入凉水，也便于从锅中安全地舀出开水。水铺的业主为了人们购水方便，用竹片自制了水牌儿，一分钱一个，一次可买多个，凭着水牌打水很方便。一个水牌可以打到一桶凉水，或灌一个暖瓶的开水。

二、日用百货行业

日用百货行业包括小百货店铺、绸布店铺、鞋帽店铺、土产店铺（山货铺、瓷器铺）、金银首饰铺（金铺、首饰铺）、五金店铺（电料铺）、渔具和民族乐器摊（乐器、烟具）等。

1. 百货（小百货店铺、绸布店铺、鞋帽店铺等）

大直沽宫前的百货店铺有“天兴永”“玉兴和”两家老店；“成德”绸布店零售兼批发，经营辐射周边远近村庄；鞋帽店铺有“大华”“华盛”和“华昌祥”等三家。

◎ 绸缎庄喜庆开业

百年老店“天兴永”坐落在义和街的南头，坐西面东，由李作霖老先生创业，早年从挑担子、推小车走四乡开始。据说当时的百货挑子上面盛针头线脑的木盒子镶着八块玻璃，被乡民们称为“八块瓦儿”。以后生意发展起来，虽然立了字号“天兴永”，但是“八块瓦儿”的名称一直被人们熟知、称唤。店内除了经营大小百货外，还扩大经营，做绸缎、布匹生意。以后长子李子清继承父业，与其二弟李洪江（后去针织厂工作）、三弟李子洲（后去电梯厂工作）共同经营，后来店内还雇佣过两三个伙计应付门脸生意。

“玉兴和”是专门经营小百货的老店（俗称“广货铺”），坐落在中街与义和街的交口处。买卖是由孙家老两口儿共同打理的，只请了两个亲友帮忙，专门经营小百货日用品，终日顾客盈门，每天针头线脑的小生意甚是繁忙，仅线的品种就有绣花线、棉线、绒线、丝弦、毛线等。五颜六色的绣花线鲜艳夺目、差别很大，有几十种之多，是妇女们（尤其是年轻姑娘们）的心爱之物。化妆品有妇女梳头用的桂花油，搽脸用的扑粉、胭脂粉，涂指甲用的红指甲油，描眉用的细长的小炭棍儿，等等。一进广货铺的门就能闻到桂花头油、雪花膏、扑粉等化妆品混杂在一起的芬芳香气，是小百货铺特有的气味儿。每日，钟情小百货的老年、中年、青年、少年女性客人川流不息。

“成德”是专门经营绸缎、棉布的老铺，由韩老先生创业，坐落在“天兴永”百货店的南侧，坐北朝南，店铺面积稍小于“天兴永”。记得当年韩老先生六十有余，白发平头，身体微胖，精力旺盛。韩老先生虽然每天都在店里店外张罗着买卖，但是门市经营的重担已经由其子（人称小韩）承担了起来，还雇了两个学徒。

宫前经营棉布的还有马家老两口儿的布摊，坐落在“天兴永”百货店大门的侧面。

20世纪50年代初，大直沽宫前的鞋帽店有三家。其中“大华”鞋帽店由孙宝山大伯和孙大娘老两口儿经营，坐落在“权利香”糕点铺的对过，坐西朝东；“华盛”鞋帽店由张鹤延大伯、张鹤亭伯伯老哥俩经营，坐落在庙前街靠南，坐东面西；“华昌祥”鞋帽店由我父亲梁瑜和我母亲邓洪霞经营，坐落在中街22号，郭家鲜货铺的西侧，坐北朝南。三家鞋帽店的规模很一般，各自只有一间门脸，唯独我家有与门脸相连的一间进身房（里屋和外屋），是自家的居室。它的侧面有一个很小的跨院，只能放些杂物和炉具，是用来做饭的地方。

父母经营的鞋帽铺面，是我爷爷梁绍增经营茶铺的祖产。我们梁姓家族三百余口人，聚居在被老天津卫称为“大直沽梁家旮旮”（位于已故朱龙泉老先生绘制的“大直沽古貌图”中，天妃灵慈宫东侧150米处标注“梁”姓的区域）。据老前辈讲，自古以来大直沽的原住居民为刘姓。梁、李二姓居民是外来户。“大直沽的刘、梁二姓为大户，李姓次之。”在2011年11月5日的《天津记忆》刊发百期纪念会上，罗澍伟先生向我介绍说。“大直沽古貌草图”的作者朱龙泉先生曾对罗老讲述：“大直沽的梁姓是金代督统梁佐的后代，李姓是副督统李咬住的后代。直到今天，大直沽的梁、李二姓人仍然很多。大直沽后台的罗姓，相传是元代海运总管罗壁的后代。”为此，我和本家兄长前不久利用一年多的时间寻访了大直沽的梁氏血脉宗亲，相关调研报告的内容在第三章“乡梓寻真”中有详尽的介绍。

父母经营鞋帽店的效益很一般，入不敷出，生活窘迫。父母为解决穷苦人干体力活儿时穿用的袼鞋鞋帮经常损坏而轮胎胶带的鞋底子仍然完好的困扰，经营了经济实惠的代客配袼鞋鞋帮的业务。客人把穿破了鞋帮的袼鞋胶底送来，父亲再把它们送到郭庄子老地道外新官汛大街西头儿的胡家绱鞋作坊，请师傅配上新的鞋帮、鞋里儿和鞋面儿。如此一来，花费不多却翻旧如新，深受劳苦大众的欢迎，而父亲仅从中挣取两毛钱的跑路费。当年小买卖人家挣钱的辛苦、勤奋，是今天经商的人们所不能理解的。

2. 土产（山货铺、瓷器铺）

山货铺经营者是梁家老人（人称梁老爷，是我家已出“五服”的本家太爷爷），店铺坐落在义和街南口，位于“天兴永”百货店的北侧。温家山货铺位于前街“春利成”干货铺的对过，坐南面北。瓷器店经营者李钧大伯的店铺坐落在中街靠东，坐南朝北。

梁老爷的山货铺经营骡马套具、粗细麻绳、箩筐簸箕、笼屉称具、木杆竹竿等山货。高大的松蒿、山竹倚靠在院落里，从院墙里向外伸展出来，在很远的地方就能看见。听长辈们讲他家原来还经营过干货。

◎ 清末时期土产杂货店

3. 金银首饰铺

齐家首饰楼子在中街，靠西，坐北朝南。齐家首饰楼子是一间门店的二层小楼，除了出售金银饰品，还代客定做打造或改制金银首饰。由于经营手段比较灵活，齐家首饰楼子在大直沽一带小有名气。温家金银首饰铺位于前街，邢家酒铺的东侧隔壁。据八十多岁的李大伯讲，曾经还有一家金店坐落在前街靠西处，坐北面南，位于“义兴顺”干货铺的对面。

4. 五金店铺

大直沽一家经营五金电料店铺的掌柜人称赵老，店铺在“利德号”大肉店的西侧，一般家庭所需五金器材、灯具电料甚是齐备，同时承接到居民家中修理、安装电器、线路的业务。另一个摊位坐落在“富美居”包子铺门旁，主要经营电料，兼修电灯。摊位主人姓刘，非常喜爱饮酒，从他摊位边走过，总可以闻到一股白酒的特别味道。过度饮酒造成他的嘴和下巴处的皮肤肿胀，呈紫黑色，一年四季都得用口罩兜着。

5. 渔具、民族乐器摊

经营渔具和民族乐器的王家摊位，设在“庆大米庄”铺面大门旁边。摊主除了经营钓鱼竿、鱼钩、鱼漂等渔具，以及二胡、京胡、笛箫等民族乐器外，还兼营烟斗、烟嘴、烟袋锅等烟具和老烟叶等。经常可以见到王师傅悠闲自得地在自家摊位上拉上一段京胡曲牌，哼唱几句京剧唱腔，既可招揽生意，也可借以打发时光。

三、服务修配行业

大直沽的服务与修配行业包括：洗澡理发（浴池、理发店铺等）、照相（照相馆）、裁缝洗染（裁缝铺、洗染铺、弹棉花铺等）、铁匠和木匠（铁匠铺、木匠铺等）、修配（绱鞋铺、修鞋铺、修车铺、电灯匠、刻字铺、修表铺、修理钢笔摊等）、红白喜事（花轿房、杠房、扎彩纸匠铺等）、文化娱乐（书场、报摊、小人书铺等）等行业。

1. 洗澡理发（浴池、理发店铺等）

孙家老人（人称孙二爷）经营的洗澡堂子“福泉池”坐落在前街靠西一些的地方，坐北朝南（以后澡堂的正门改在了庙前街上）；王家经

◎ 理发店广告

营的“恩仙理发店”（后改名为“津沽理发店”），坐落在前街尹家水铺的对面；郝家理发铺坐落在庙前街黄家锅巴菜铺的隔壁；秦家理发铺坐落在中街王家胡同口的东侧，坐南朝北。

津沽理发店坐落在前街与张家胡同交口处，靠西第二家，坐南面北，是大直沽地区较大的一家理发店。俗话说理发师傅是“修理门脸儿的”，不管男女顾客进去之前面貌黯然、蓬头垢面、胡子拉碴，出来则是精神抖擞、轻盈潇洒、容光焕发。尤其女活儿烫发讲究款式时尚，理发师操作起来程序繁琐，除了配备各种卷发的原料、工具、小器件，还要运用电烫器具，一个活儿下来足有两个小时，还会招来爱美女士的观赏和挑剔。男活儿技术含量最高的要数刮脸了。老师傅先把肥皂涂在顾客的下巴和两腮处，然后用较烫的热毛巾为顾客闷上五六分钟，客人得以惬意地呼出一口大气，借此闭上眼睛歇息片刻。这个程序使得胡楂儿变得柔软一些，便于师傅用刮脸刀熟练、有节奏地上下左右操作，其间还会不时地将刮刀在专用皮具上背一背（起到打磨刀刃使其锋利的效果）。刮完脸部还会用刮刀对鼻孔、耳郭处的细微汗毛稍加修整。讲究的自然还要把头洗一洗、吹吹风，最后还得用热毛巾把顾客的脸部擦干净，使得客人倍感神清气爽。连理发整个活儿下来，少说得半个多小时。当然，根据顾客不同的服务需求，理发店都有不同的收费标准。现在的理发师傅已经没有刮脸这项服务了，因为他们担心给客人刮脸时，如果客人打个哈欠、摇晃一下脑袋，很容易刮伤顾客。一旦弄伤了顾客是要赔偿人家的，一年半载的收益就很可能付之东流了。

“福泉池”澡堂的生意十分兴隆，后改名“大直沽浴池”。传统的大众澡堂是男人的天下，没有淋浴设备。上年纪的人早到的多，可以占个有单人小铺的好座儿，洗完澡后沏上一壶茶水慢慢地品味，或者美美地睡上一觉。晚到的只能把衣物放在柳条大筐里，店堂伙计给你一个写有号码的竹牌儿，以便洗完澡后对号找到。澡堂内有两个池塘，其中一个可容二十余人的温水大池塘，还有一个专供大人、老人们烫澡的小一号的热水池塘。一般喜欢烫澡的人都先泡泡温水的大池子，体温适应些后才去烫澡。洗澡时经常听到洗舒服了的客人放声高歌（唱歌的、唱大鼓的、唱戏的，时常能够听得到），唱得好听的会博得大家的赞誉；只顾自己嗓子痛快，唱得难听的会招来大家的哄笑、嘲弄。我还经常看见被热水泡晕了的人（由于过于劳累，身体虚弱、血压突然升高的，多数是中老年人，俗称“晕塘子了”），被年轻的浴池伙计抱到天井通风处去，苏醒过来以后可以再接着洗。人们泡痛快了，去另一个房间搽肥皂，然后各人取用小号木盆，到盛着洁净的热水柜里舀水冲洗。当年，澡堂子还有两项特色服务，其一是搓澡；其二是技术含量较高、医治脚病的修脚服务。搓澡师傅搓掉客人身上的泥垢，讲究的是根据搓澡对象的年龄掌握好力度和良好的态度，顺应客人的要求，理应另收劳务费。从事搓澡行当的师傅，每时每刻干活儿都要猫着腰，常年的劳累使他们的脊椎都弯曲变形了，加之室温又高，一串串的汗珠从面颊上洒落在脚下，非常的辛苦。他们为了生计不辞辛劳，为的是能够多挣到一点儿养家糊口的钱。修脚师傅的服务，并非仅仅把客人脚上的老茧削掉，而是根据不同年龄、不同脚疾客人的实际，采用不同的专用刀具、运用不同的手法。他们近距离面对客人各种脚病症状时不厌烦、不回避，精心诊治、用心施治的态度深受人们的尊重。并且，技术优秀的修脚师傅常常被行动不便的老人请到家里上门服务。

20世纪50年代初大直沽另有一家老字号浴池“浴德池”，坐落在大直沽的怡安街上。

2. 照相（照相馆）

大直沽街里字号为“奉桐”的照相馆，坐落在义和街上靠北一些的地方，由刘姓师傅经营，是大直沽方圆十余里之内唯一一家照相馆。照相馆使用的是老款落地式相机，师傅要把黑里红面的夹层布披在头上，选取好镜头后再把头探出来，与客人互动一下，尤其是使孩子们精神集中面对镜头。在按动快门的一刹那，镁光灯一闪就完成了拍照。对于拍照时人们闭眼睛或对拍照效果不满意的情形，照相馆老板都会重新补照，以赢得客人的欢心，进而再次光顾。当年，我与二弟乘坐摩托车模型的合影以及我们两个人和大妹妹跟父母一家五口的“全家福”，是在1953年春节正月初二去姥姥家拜年，途经奉桐照相馆时拍摄的。两张已经发黄了的老照片，至今还被我们保存着。

◎ 20世纪50年代初作者与弟弟

◎ 20世纪50年代初作者全家福

3. 裁缝洗染（裁缝铺、洗染铺、弹棉花铺等）

服装裁缝铺有专门裁制西装的周贾古师傅，铺子设在天妃宫小广场前侧，坐西朝东。裁制中式服装的刘家夫妇（人称刘老姑、老姑夫）的铺面坐落在中街靠西处，坐北面南。

周师傅身材高大，虽然是一位裁制西服的高手，却常年身着一身笔挺的中山装。他行走在街巷中彬彬有礼，很有绅士风度。这位可敬的老手艺人的容颜至今难忘。西服加工是十分细致、讲究的一个行业。一件西服手工操作的针线活计很多、很复杂。一般用机器正式缝纫之前，师傅要用手工一针一线把裁剪好的衣料缝制成型，让客人试试是否合体。无论长短、肥瘦都要经由客人细细地品评，尤其对肩、肘、背、腰、胯等关键部位的曲线提出修改意见。西装师对于挑剔、讲究的客人，往往要经过几次试穿，都要逐一加以满足。因此，高级西装师的加工服务费绝不可小觑。儿时见到一个男人竟然不厌其烦地裁制这么高档的衣服，感到非常不可思议。

王家洗染铺和朱家（长子是当时我们班的插班生，记得他是在五年级时和母亲、弟弟、妹妹从山东老家投奔父亲来的，来到班上较长时间后才慢慢适应）弹棉花铺分别坐落在中街靠西处的斜对门。弹棉花的手艺，现在还可以在农贸市场上见到：弹棉花的人用肩背着弓形的工具，一只手扶着，另一只手持木梭形的工具弹打弓弦，发出清脆的声响。新旧棉花被弹得既松软又有层次，深加工后还可用来制作棉被套、棉褥套等。

4. 铁匠和木匠（铁匠铺、木匠铺）

赵家的黑白铁匠铺、阎家兄弟的铁匠铺分别坐落在宫前街、庙前街上，都是坐东面西的门面。高家箍梢、箍盆的木匠铺在中街靠西一些的地方，与我家鞋铺相隔三间房，是一间坐北面南的铺子。

一般的白铁匠会打制各种家庭生活用具，如铁盆、铁锅、铁簸箕、铁炉子、铁烟筒、浇花用的水壶等等。白铁匠常年叮叮当当地敲打铁板，噪音不绝于耳。

技术高超的黑白铁师傅的拿手好戏是钣金技艺，特别是制作“天圆地方”的漏斗状烟罩和与其连接伸向室外的“虾米腰”烟囱，要使得罩具方形（正方形或长方形）与圆形的交接处、每一节弯曲“虾腰”的交接处必须咬合得严丝合缝。没有极高超手艺的师傅是万万不敢承接这种买卖的。

木匠铺师傅打制的木桶、木盆，大的、小的，高的、矮的以及圆柱形的、椭圆柱形的应有尽有。当年，木制品不但是各行各业离不开的用具（尤其与用水打交道的行业），而且是家庭生活必不可少的用具。虽然近年来在一些专卖木质容器、盆具的商店中依然能见到木盆、木桶（时尚的保健行业讲究用木盆、木桶来泡脚、泡澡），但是箍梢、箍桶的传统技艺在我们身边却很难见到了，取而代之的加工方式、材料虽然简单多了，然而不再美观、耐用了。高师傅还擅长刻制铺面字号的牌匾，宫前不少铺面的招牌、匾额都是他的作品。

5. 修配（绱鞋铺、修鞋铺、修车铺、电灯匠、刻字铺、修表铺、修理钢笔摊等）

宫前的李家、孙家修自行车铺，分别坐落在前街、中街靠西一些的地方，都是坐北面南。前街的李家还兼售报刊。张家电灯匠铺，修理电灯、维修线路，兼修无线电收音机，坐落在前街靠东一些的地方，坐南面北。李家（李小海）电灯匠铺坐落在中街靠西的地方，坐北朝南。前街暴家电气焊铺还租赁汽灯（通过加压使燃油液化，点燃充有液化油的石棉制网状灯罩，犹如高压水银灯般亮度非常高），一般都是有红白喜事的大户人家租赁，解决人们夜晚照明急需，也有大户人家在节庆日时租用。

王文翰大伯（因脚有残疾人称王瘸子）经营的绱鞋铺坐落在黑家牛羊肉铺隔壁，坐西朝东。在义和街南头，坐东面西的梁家修鞋铺，听长辈们说，他家是后来迁入的，与大直沽梁氏家族没有血缘关系。还有刘泰修鞋铺坐落在庙前街北头，坐东面西。

齐家刻字店（还有邢家的刻字店，位于六纬路）与孟家修表店相邻，坐落在宫前街的南头，坐西朝东。修表铺还有前张家胡同的张家修表铺、辛家茶汤摊对过的王家修表铺、中街王家胡同口的李家修表铺，前街还有一户李家修表铺。

宋家的修理钢笔（俗称自来水笔）摊，位于马家小食品店附近。20世纪50年代初，低年级小学生只使用铅笔写字，当时学生使用圆珠笔还很不普遍，记得我使用钢笔是从五六年级时开始的。廉价、耐用的塑料材质自动铅笔的出现是在1961年，记得我同桌的家长在外地，我只花了几元钱，他就给我带回了一支廉价、塑料材质的自动铅笔。我曾经多次跑到市中心的文具店求购未果。父亲得知后，花了十几元买了一支上海产的高档自动铅笔，使我感动不已。妈妈精心用小花布为它缝了个笔套，我小心翼翼地对它加以爱护，一直使用到高中学段。

好的钢笔一般条件的家庭买不起，可大众化、便宜的难免要总出毛病，上学时我和同学们就经常光顾修理钢笔摊。钢笔的关键零件是笔尖、笔舌（吸收、输送墨水）和笔囊（存储墨水），钢笔渗漏墨水、零件损坏的情形时常会出现。所以，修理钢笔师傅的摊位前总是围着很多学生，生意红火、应接不暇。花不了多少钱换个零件，钢笔功能如初并焕然一新，既方便又实惠。

6. 红白喜事（花轿铺、杠房、扎彩纸匠铺等）

承办喜庆红事的窦家花轿铺与料理丧葬白事的梁家（主人梁绍清、梁绍鹏叔伯兄弟和我家已出“五服”，他们和我的爷爷梁绍增是同一辈分的人）杠房的铺面相邻，坐落在中街上，靠西一点儿，坐南面北。红白喜事行业与人生的大喜事、丧事相关，经营者都是以毕恭毕敬的心态，为当事主家全力以赴操办，深受乡里乡亲的信赖。

◎ 婚庆四抬喜轿

◎ 花轿铺门前的喜轿

花轿铺除了租赁花轿，还可以一应俱全地帮助主家料理婚事喜庆日子期间的大小事宜。杠房是专门受理丧事的行当。出了白事的主家聘请杠房的主事，从亡灵倒头到出殡，事无巨细，为主家出谋划策当参谋，跑前跑后，如代购寿衣、棺木，代请僧人、道士诵经，代办轿杠（几个人抬棺木，即所谓四抬、六抬、八抬等等），代办丧筵酒席等等。20世纪50年代后期，这些旧的封建习俗开始逐渐被抵制、消除。

李家扎彩纸匠铺是专门为故去的人扎糊带有封建迷信色彩的彩纸祭品的。如扎制纸牛、纸马、纸轿、纸箱等用品。李家扎彩纸匠铺在周家西服裁缝铺的北侧，坐西朝东。

7. 文化娱乐（书场、报摊、小人书铺等）

小人书铺有杜家（绰号杜龇牙）、暴家（人称暴三爷，据乡里老人讲此人曾经是津门声名显赫的大直沽聚兴永酒坊大管家）；做报刊零售的是坐落在前街“义兴顺”干货铺对过的报亭，由李家修自行车铺兼营。

“东风”书场坐落在前街与庙前街的交口处，面积不大，仅能容纳一百余人，是老年人休闲娱乐的场所，多上演长篇评书、京韵大鼓、西河大鼓、乐亭大鼓等。说评书的艺人一般是一个人，唱鼓曲的艺人至少还需要一个三弦琴师伴奏。给鼓曲伴奏的三弦艺人多是盲人，那时经常可以在宫前看到唱鼓曲的艺人牵着盲人琴师探路的竹竿匆忙赶场的身影。书场上演的曲目以传统书目为主：《三侠五义》《封神榜》《三国演义》《隋唐演义》等等。一部长篇评书或鼓曲可以连续演出数月之久。许多艺人都善于用“扣子”（故事悬念）挽留听众，把段子演绎得生动有趣，使得许多老年观众如同当下的追星族一般坚持数月听完整部长篇评书、大鼓书。

暴家的小人书铺坐落在梁老爷山货铺的北侧，坐西面东，比杜家小人书铺宽敞、整洁。由于主人很体贴服务对象的心理和要求，对待小客人和气亲近，很受小朋友的欢迎。看一本小人书最少一分钱，厚的则二三分。家长给的零花钱，大部分都被孩子们欢天喜地地送到了小人书铺掌柜的手里。寒暑假是小人书铺上座率的高峰，这里也是当年为数不多的适合儿童娱乐活动的场所。小人书也可以租赁，交付一些押金后就可以拿回家阅览，在规定的日期内退还。

8. 大车行

李家大车行老板李聚为人豪爽，讲义气。李家大车行坐落在前张家胡同邻近前街的一所大宅门。当年，自家置办胶皮轮子大车和驾辕、拉车马匹的饲养、机械装备的养护，的确需要一定的经济实力的，相当于现在买汽车跑运输的个体户。车行经营的就是为大的商家运送货物，挣取劳务费用，也是需要承担一定风险和责任的。

李家马车行还有一辆洋马车，据说是请租界的外国工匠打造的。洋马车车厢三面装有玻璃，车后有两扇玻璃门；车厢内可以坐三位乘客，比较宽敞、舒适；车轮的上方、车厢的前后用铜质板材装饰起来，外观十分洋气、时尚。洋马车由一匹健壮、高大的马匹驾辕，前方由两匹鬃毛油亮、气宇轩昂的骏马拉套。马儿们拥有强健的四肢，迈着矫健的步伐。高大的辕马脖子上挂着一串铜铃，中间是一个硕大的铜铃，发出有节奏的脆亮的叮当声，很远处都可以听得到。人们听到铃声便会好奇地驻足观望，被洋马车不同凡响的气派所吸引。洋马车风光地行进在大直沽的街道上，显得特别的气派。它是富庶人家用来代步的交通工具。

四、医药卫生行业

大直沽的中西医药卫生设施包括中药店铺、西医诊所、镶牙铺、产院、门诊部等。

1. 中药店铺

大直沽宫前有“吉生堂”“仁德堂”“天德堂”“济元堂”等四家中药铺。规模较大的“吉生堂”的创办者是开明乡绅赵佩恒先生（人称赵五爷，年轻时开办两家粮店，后来创办了这家中药店）。赵五爷幼年入私塾读书，刻苦用功，自强不息，打下了深厚的儒学功底。他从少年时代就对中医药深有感情，博览中医经典，参透脉象、本草之道，精通经络、汤头之理，为他成年后从医打下了坚实的基础。中年事业有成的赵五爷，不忘家乡父老的福惠，创办了对贫苦乡民子弟免费的“慈善小学”，还创建了服务于乡民的“志修堂公所”等公益组织。

“吉生堂”中药店坐落在义和街上，“天兴永”百货店的北侧，坐西朝东。药店的后门就在天妃灵慈宫的左前方，有门脸三间、进深两间。栈房、厨房、后院共计占地200平方米。店中雇佣了几位伙计，聘请了坐堂先生为病人把脉诊疗。自20世纪30年代，赵五爷结识了阅历深厚、学识渊博、为人忠厚坦荡的中医先生李心亭（在30年代全国中医资格统一考试中，李先生名列第三名）后，聘请他到“吉生堂”坐堂，挂牌行医。自李先生辅佐以来，赵五爷的中医药生意如虎添翼。药店中的细药，由李先生负责配方，增加了不少新的品种。50年代初，李先生主动与多家工厂建立了医疗关系，这些工厂的职工凭医疗联单来就诊，使得“吉生堂”的营业额陡增。加之赵五爷经营有方，注重员工职业道德的教导，建立起融洽和谐的医患关系，“吉生堂”的金字招牌声名鹊起。

宫前的中药铺还有杨秀峰老先生经营的“仁德堂”（坐落在我家隔壁中街20号，坐北面南）。“济元堂”坐落在前街的西侧，也是坐北面南。“天德堂”坐落在前街靠东，坐南朝北。

杨秀峰老先生行医四十余年，对于针灸、拔罐、熏熨等疗法造诣深厚，医术精湛。世人皆知的1939年天津闹大水，全市大部分地区被浸泡在汪洋一般的洪水之中（现在和平区金街的百货大楼被大水淹泡，只露出个尖儿）。由于大直沽的前台儿、中台儿、后台儿地势高的地理优势，逃到大直沽避难的灾民有一万余人，灾民每天仅能领到少量施舍的稀粥。由于多日住在阴暗潮湿的席棚里，卫生条件恶劣，急性胃肠炎、霍乱、痢疾、疮疥等急性病蔓延。杨先生以济世救命为己任，不顾个人安危，给灾民无偿施用汤药，并且坚持采用针灸配合中成药诊治，使大多数病人转危为安。

大直沽宫前以外，大直沽地域内的中药店还有玄地庙北边王子彬老先生经营的北“善和堂”、义和街北边张福泉老先生经营的南“善和堂”、大直沽后街西边张忠心老先生经营的“善德堂”等等。

王子彬夫妇是家母的干父母。母亲的老家在海河下游葛沽镇（今天津市津南区）。姥爷年轻时在马神庙经营小百货生意，为了生活长年奔波，身患胃病无钱医治，延误了病情，三十几岁时就故去了。姥爷故去后，当年家母才十二三岁，两个弟弟分别为十岁、七岁。姥爷故去不久，十余岁的大舅勇敢地承担起家庭的生活重担，挑起货担游走四乡叫卖针头线脑。年幼的大舅因为过度劳累，染上了肺病。姥姥决定带着三个孩子到天津，以便得到在津打工的父亲（母亲的姥爷）照应，租住在大直沽小孙庄华家胡同。经人介绍，大舅到善和堂中药铺打小工，也为了便于自己病的医治。大舅朴实憨厚、勤恳劳作，深得王子彬先生的爱怜，老先生无偿为他看病。姥姥为了报答老先生的知遇之恩，决定让大舅认王先生做干爹，也了却王先生盼儿的心愿。然而天不遂愿，大舅十八岁那一年病情愈加严重，医药已无回天之力，不久就永别了亲人。大舅的去世使全家悲痛欲绝。为了报答王先生一家救助的恩情，姥姥再次让母亲做王先生夫妇的干女儿，续写两家人的情缘。

多年以来，这些中药铺的老先生们救死扶伤、济世救命的动人故事，在大直沽乡民中可谓有口皆碑。

2. 西医诊所、镶牙铺

西医诊所一般都设在大夫家中。宫前街有周镜俊夫妇经营的私人儿科诊所和车大夫夫妇经营的“津沽诊所”两家。

周镜俊大夫的诊所坐落在大直沽前街靠西一些的地方，在坐南面北的周家大院内，以医治儿童病症为特色。我和弟弟妹妹在母亲的带领下，不知多少次光顾该诊所。每当看到和颜悦色的周大夫和周太太（戴着一副金丝框的小眼镜），对患儿亲切和蔼的面庞，顿时对白大褂失去了畏惧感，对解除病痛的困扰有了指望，打针也不觉得痛了。他们夫妇的医疗水平、对待患儿的耐心态度有口皆碑，得到乡里上下男女老少的交口赞誉。

车大夫的诊所坐落在中街靠西一些的地方，坐北面南，以内外科诊治为特色。大人们有个头痛脑热、跌打扭伤，一般都到车大夫开的诊所医治。他们服务热心、收费合理，得到了乡邻们的信任和尊敬。在中街靠西处还有常大夫的西医诊所（租借书法家李学曾的旧居）。

牙医有坐落在宫前街北头、毗邻阎家烟铺的张家镶牙铺；坐落在前张家胡同南头，邻近大直沽影剧院南侧，坐东面西的阎家镶牙铺。至今健在的阎炳信伯伯，还在自家居住的宫前园二号楼一层经营着个体镶牙诊所。其爱女继承祖传医术，继续为牙疾患者奉献精湛的医术。

3. 产科医院、门诊部

新中国成立初期在大直沽前街靠东处，由助产士陈秀漳和张理侯大夫组建了“大直沽妇产卫生院”，院内设立了多张病床。此举一改新中国成立前孕妇生产由接生“老娘”包办的落后习俗，确保了大直沽广大妇女儿童的健康。大直沽门诊部（现大直沽卫生院的前身）是于1956年公私合营以后在“同仁联合诊所”基础上成立的。（注：在大直沽老中医张启林、吕玉堂、杨缅东、李心亭等几位老先生的倡导下，于1952年自动组织成立了“同仁联合诊所”，位于大直沽后街87号）门诊部的地点在妇产医院东侧隔壁（前街28号，由冰棍房改建），设有中医科、西医科、药房、注射室、挂号室等，由李心亭先生任门诊部主任。门诊部的成立，大大改善、提高了大直沽居民的医疗卫生条件。

五、社会公益事业

大直沽的公益文化事业场所有街办事处、派出所、清洁队、学校以及“普济法鼓”“同乐高跷”“普济水局”等民间老会和公共厕所等。

1. 街办事处、派出所、清洁队

街办事处是政府的基层办事机构。大直沽街道办事处属于天津市第四区（以后的河东区，是由第四区和第五区合并而来），管辖大直沽宫前、宫后一带。大直沽派出所负责辖区的户籍与治安，与街办事处同设在天妃灵慈宫正殿西侧的一个院落里。街道清洁队是街办事处环卫科的一个部门，负责大直沽宫前主要干道和胡同里巷的清扫工作，使用的十余辆木制清洁车（车体前部和两侧用木帮固定，后方一面有可以提拉的活动木板），日常收工后存放在街办事处院子里面。记得小时候每当有喜庆活动的日子，踩高跷、小车会、跑旱船、扭秧歌等民间花会队伍都要敲锣打鼓、载歌载舞地先到这个院子里转上一圈、表演一番，然后通过大直沽中街，南到宫前街，之后从义和街再往北向大直沽药王庙方向行进。儿时拆除大直沽天妃灵慈宫正殿中泥塑像的那一天，清洁队的车辆派上了用场。

2. 学校

20世纪40年代，天妃灵慈宫正殿东侧偏殿的三间青砖房舍被设为“大直沽六纬路小学分校”。该校设备齐全，校风端正，师资力量强。新中国成立初期百废待兴，党和政府号召开展轰轰烈烈的扫盲识字运动。全国推广解放军文化教员祁建华在部队总结、发明的“祁建华速成识字法”，要求60%的工人和农民在短时间内通过扫盲把语文程度提高到小学四年级水平。因此六纬路小学分校被改为“大直沽业余补习学校”，学员都是各行各业没有文化的成年人，学校的教员由正规学校的年长教师和经过培训的青年教师担任。我的小学同窗李家义的父亲任这所学校的教务主任。

3. “普济法鼓”“同乐高跷”“普济水局”等民间老会

坐落在天妃灵慈宫山门内东侧偏殿的“普济法鼓”远近驰名，是专门组织节庆花会的民间群众组织，是大直沽庙会中的特色老会。老人们讲“一套法鼓器件就是半副銮驾”，因为法鼓所用的鼓架、鼓具的木雕制作技术十分精湛。法鼓演奏是大鼓、铛、镲、铙、钹等乐器一起合奏。法鼓老艺人能够演奏几十套“鼓牌子”，鼓曲悠扬、珠圆玉润。击鼓的老者是演奏的核心，其双手配合娴熟，稳健潇洒。尤其在节日的夜晚出会，灯火辉煌、喜气洋洋。一排排双手持着红彤彤的串灯灯杆、打着鲜艳夺目会旗的人走在队伍的前面。紧跟着，法鼓老会敲敲打打的鼓点和锣、钵、磬的和声扣人心弦，清新、华丽的表演风格令人百看不厌。平时法鼓、串灯、茶炊担子、杠箱等花会道具以及各种打击器具等，分别寄存在天妃灵慈宫配殿宽畅的房间中。

宫前街与庙前街的中间有一条无名小胡同，不足一米宽。这里是原天妃灵慈宫前广场戏楼的位置，在“五十年代初大直沽宫前繁华示意图”中用红色虚线方框标注出。这个戏楼是端午节、春节等重大节日各种花会聚集、人们欢庆集会的中心。

水局与“普济法鼓”分别设在东侧偏殿内南、北间的宽绰殿房内。清末民初，消防机构不健全，遇到火情仰赖群众组织“救火会”（水局）来救火。救火会设有木箱唧桶、压水喷枪、挠钩、高凳，还有大小木桶、扁担百余副。救火会的成员称为“伍善”，多为年轻力壮的小伙子。平时他们定时集中训练，一旦发现火情，水局值班人员立即鸣锣聚众。伍善们无论正在干什么，听到锣声也要马上报到，按照训练安排有条不紊地扛着工具奔赴火场。听到火情的乡亲也是一呼百应，参与到救火的队伍中。身强力壮者抢挑大桶，身单力薄者则挑小桶，到天妃宫大殿前的井里汲水。伍善纯属义务性质，不取分文。失火人家和热心人士则捐献出微薄的茶点，以示慰劳。20世纪50年代初使用的笨重水箱和喷水唧筒，如今还摆放在“普济水局”中（在天津市古文化街的天后宫展厅中还可以见到水局的用具）。

大直沽的水局还有义和街北头药王庙台上的福善水局、怡安里“浴德池”澡堂旁的胜善西局等等。如此多的民间消防组织，体现了大直沽人一方有难、八方支援、互助解困、见义勇为的优良风尚。

4. 公共厕所

宫前大直沽地区的男女公厕位于天妃灵慈宫正殿的前方，人们分别从大直沽中街、后街进入赵家胡同，或从义和街经过“吉生堂”中药店与“天兴永”百货店的房山之间的一米宽的无名小胡同到达，它是大直沽宫前方圆几千米内唯一的一所公共厕所。

◎ 大直沽老胡同

第三章 大直沽乡梓寻真

一、观“大直沽古貌草图”，赏大直沽三宗宝之“古庙、台子高”

已故世居大直沽的老人朱龙泉，生前怀着无比爱恋家乡的拳拳之心，饱含着对家乡历史文化的不舍情怀，把旧时大直沽的地形地貌、河湖沟坑、重要设施等状况较为详尽地绘制在了“大直沽古貌草图”中。笔者在2002年有幸从1994年2月出版的天津市河东区政协文史资料第六辑《直沽探胜集》中得见此图。

在这幅古貌草图中，大直沽范围包括前台儿、后台儿和邻近的周边区域，即位于海河以北、京山线以南，十五经路及其向北延长线（至京山线）以东，八号路和津塘村道以西之间的近似长方形的地域（图中标示方位稍有偏差，箭头所示应为东偏北）。

古貌草图由朱先生亲手绘制，图中标注的一些文字已不清晰；草图采用单线白描手绘，致使大直沽地界内交错纵横的河湖沟坑与陆地的分界辨析不明。因此，笔者首先做了两件事：其一，对图中的文字进行了认真的甄别、校对；其二，对图中水系、陆上设施情况做出较为形象的标注。近年来，笔者对古貌图中标注的信息及其“图例”，通过调研、回忆、资料查询，进行了认真的鉴赏、分析。以下把我的粗浅认识表述出来，提供给关注、研究大直沽历史的朋友们借鉴。

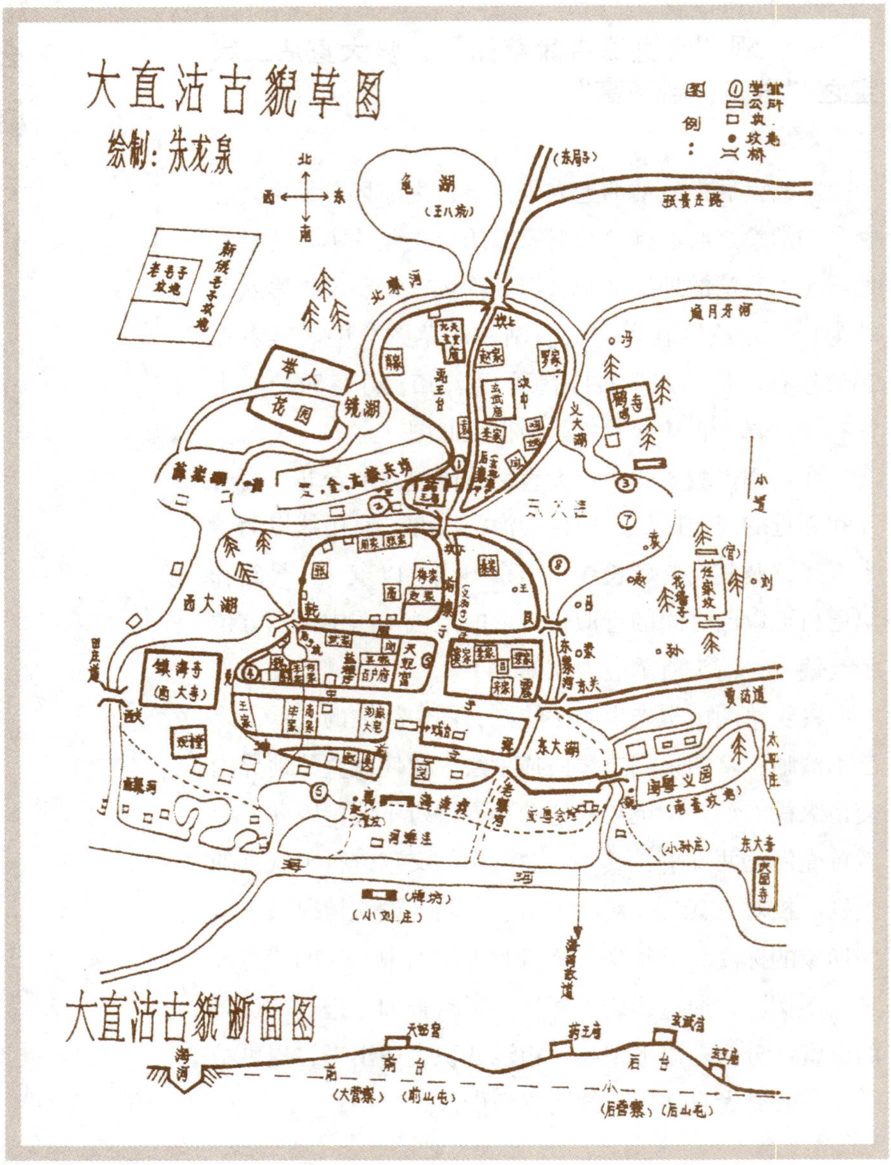

◎ 朱龙泉先生绘制的“大直沽古貌草图”

（一）大直沽老人的口碑与天妃宫遗址考古成果的信史价值

1994年，天津市社会科学院罗澍伟教授和几位学者来到大直沽，调研几百年来相传于津沽乡里的信史“先有大直沽，后有天津卫”。在参加大直沽街道办事处组织的座谈活动时，听到朱龙泉（当时年近七旬，是参加座谈会最年轻的一位）等多位年近古稀的大直沽老人的口述并记载了下来。对于老人们的不少“口碑”，学者们从相关文献、史籍中找到了一些依据。罗先生在著述中讲道：“提起大直沽过去的历史，父老们如数家珍。他们说，大直沽这块地界很老，汉朝的时候属于北章武。查史书，汉朝确实在这一地带设过章武郡，治所就在今天的河北省黄骅县附近。这些耄耋老人大字儿不识，竟知道汉代的章武郡，而且说章武有南北之分，凭的是什么呢？恐怕凭的就是千百年来代代相传的口碑。在这些须发皆白的老人面前，谁能认为传说不可靠？他们又说，大直沽后台儿的玄武庙，当初是曹操所建，再查史书，当年曹操东征乌桓氏，的确到过这一带。”为此， 罗先生感慨地谈道：“大直沽老人的这些传说，虽然至今还没有发现更多的文献资料作为佐证，但奇怪的是，不少传说又与历史记载八九不离十。大家想想，这些老人大多不识字，即便识字，也不会太多，他们有条件去翻阅那些文化人至今读起来也会感到佶屈聱牙的旧史书吗？”所以，笔者在后文引用相关内容时，前边均以“老人们介绍”注明。

1997年9月至1999年1月，对中国北方第一座妈祖庙——“大直沽天妃灵慈宫”的考古发掘，为天津这座历史文化名城的辉煌历史提供了最有力的实证依据。专家们一致认为，大直沽天妃宫遗址“是目前市区内文化堆积最厚、内涵最丰富的遗址”，它向世人充分展示了“先有大直沽盐粮屯兵，后有天津卫干戈拱北”的史实画卷，一个承载厚重历史文化、充满生机活力的大直沽将被永远载入中华史册。为此，冯骥才先生指出：“1998年对大直沽的考古发掘的意义重大，是使历史文献记载以及民间传说都成为牢靠的信史，并使天津人终于找到了自己城市那个赖之久远的深情的根。”

◎ 1997年9月，大直沽天妃宫考古现场，冯骥才先生观看出土的明代赑屃

1. 大直沽三宗宝之“台子高”与“直沽寨”的关系

老人们介绍：“有人老问，直沽寨在什么地方？其实就在今天的大直沽。直沽寨当年是大宋的地界（现在的河东体育场就是当年的校兵场），后来归了辽、金、元。1958年修建河东体育场的时候，还挖出来过石棺材、铁甲和铜人头（战场上让人砍了脑袋，必须在入殓时做一个补上，为的是落个全尸）……”当年大直沽是前后两个大土台子，后台儿最高，差不多高出河滩约七八米（如古貌图下方的“大直沽古地貌断面图”所示）。大直沽周围遍布洼淀，四面环有寨河。前、后台儿之间也有河相隔，前台儿叫前营寨，也叫大营寨或前山屯；后台儿叫后营寨，也叫小营寨或后山屯。前台儿的前寨街（即20世纪90年代前的义和

街）与大直沽前街、中街、后街十字相交，在四周围形成了八个口门，即乾、坎、艮、震、巽、离、坤、兑八座寨门……当年的大直沽设防布置如同龟形，前台儿为龟身，“背”分八格；后台儿似龟首。传说龟是寿星万年的神物，所以“大直沽特别有风水”。位于后台儿中部、南北走向的“后寨街”（即玄帝庙大街）被1901年开拓的津塘公路截为两段后，靠南侧的一段改称药王庙大街，北侧的一段则仍称玄帝庙大街。古貌图较详尽地反映了早年“直沽寨”的基本布局。

◎ 中街西头儿坐南面北的徐家大院儿

古貌草图上标示的大直沽人家中，其一为人口众多的大家，其二为商贾富足的人家。前台儿、后台儿分别标示了26户和8户。在20世纪90年代，不少的名门显贵、商贾世家的住所都是深宅大院儿，如九号路口的孙家“天德当”当铺的两层青砖楼房；前街西头儿南侧陆家胡同北口的两层青砖四合院儿、中街商家的四合院儿、南侧周家的深宅大院儿、西头北侧清末书法大家李学曾家及何家的三重深院儿、刘家的深宅大院儿等。

从难得搜寻到的相互位置呈不等边三角形的三家大户老宅的历史照片中可见大直沽中街的“大学堂”分校（大直沽中街小学分校）对过的吴家高台阶深宅大院儿（坐南面北），与其同一侧、相间于毕家胡同的徐家公馆四合大院儿，以及毗邻的南北走向毕家胡同内中西风格交融、坐西面东的毕家四合院儿。又如义和街东侧王家的四合大院儿、刘家的三重深宅大院儿、田家的深宅四合大院儿以及西观台赵家的五重深宅大院儿等（笔者的多位小学同学均居住在如上大院儿内，儿时的课外学习小组就曾设在这些老宅深院儿）。这些承载了大直沽自古以来灿烂、厚重历史文化的大宅门，随着开发商们的大型机械的轰鸣声而荡然无存，一去不复返。

◎ 中街西头儿坐南面北的吴家大院儿

2. 重要历史遗迹标示的简要说明

老人们介绍："元朝的时候，海津镇也设在大直沽。差不多在今天六号路跟海河交叉口的地方，当年是个渡口，旧称海津渡，可以为证（复建的'海津渡'牌坊已于2008年10月耸立在大直沽'天妃码头'之上）。在河对岸小刘庄还有一座牌坊，后来才移到刘庄浮桥。在东庙（即大直沽天妃宫）以东的大直沽中街路北（复建的中街30号坐北朝南青砖瓦房院落）是万户府（朱先生将'万户府'误写为'百户府'）和盐粮厅的所在地。大直沽后台儿罗姓，相传是元朝海运总管罗壁的后代。"

◎ 毕家大院儿中西合璧的门楼

笔者还听到现今九十多岁的老人讲，小刘庄大街口牌坊和天妃宫山门口牌坊这两座牌坊的正中位置，与天妃灵慈宫正殿的大门、大广场戏楼的正中位置在同一直线上，从古貌图可感受到当年这些建筑的设计者、建设者的独具匠心和良苦用心。

金朝（1151—1214）史籍《金史》卷一〇三中《完颜佐传》记载，完颜佐，本姓梁，初为武清巡检。完颜咬住本姓李，为柳口镇巡检。久之，以佐为督统，咬住副之，戍直沽寨……（另《金史》卷十四《宣宗纪》中也有相关类似的记载）卞僧慧先生在《直沽寨与信安》一文（“信安”指河北省霸州市信安镇）中讲，“元代海津镇的治所，和金代的直沽寨一样，史无明文记载，不知设在什么地方。但据《元史》，1316年‘改直沽为海津镇’，而1349年又‘立镇抚司于直沽海津镇’，颇疑前者应为‘于直沽寨设海津镇’。因为接运厅、临清万户府都设在大直沽。直沽天妃庙曰‘灵慈’，而其庙确实在大直沽，疑海津镇治所也在大直沽。金代的直沽寨与其认为设在离信安东界很近的三叉河口一代，还不如疑为离三叉河口稍远的大直沽，更能照顾这条‘辽东往来之冲’的河道”。再结合《长安客话》卷六“土人呼直沽曰大直沽”，他得出“金代直沽寨、元代海津镇都设在大直沽”的结论。卞先生的推理无疑从理论上为素昧平生的大直沽老人关于“直沽寨就在今天的大直沽”的口碑提供了宝贵的史料佐证。

笔者的祖祖辈辈都生活在大直沽梁姓家族聚居区内（如古貌草图所示，天妃灵慈宫东侧，直线距离仅一百五十余米）。20世纪90年代平房改造之前，仍然有二百余户人家在大直沽朝夕相处。多年来，笔者曾向同族长辈求索梁氏家谱，均无功而返。在反复思索后笔者生出了这样一些疑问：可能梁氏的前辈常年从武驰骋疆场，而忽视了对家族文化的传承？或者是家谱传承不利，中途失落未再续写？然而，无论如何我都从家父梁瑜能文善武、精通中医、德艺兼备、磊落贤达的平凡人生中，充分感受到了作为梁氏后人的自豪与荣光。在大直沽中街天妃宫山门口的西侧坐北面南的第二间门脸是我家的祖产（大直沽中街22号，进深里外两大间平房），我的爷爷梁绍增曾在此处以经营茶铺为生，大直沽东大坑及其周边的地产曾是我们梁氏家族祖产。

“举人花园”位于津塘公路北侧，其面南大门距离津塘公路十余米，西邻京山铁路支线（这条支线与十五经路并行，穿过六纬路直达海河边。20世纪20年代专为美国在河东修建的美孚、德士古两大油库运送燃油）。“举人花园 ”是前清举人李耀曾的私家花园，四周砌有砖墙，占地近两万平方米。园内河渠、池塘、假山、凉亭等设施齐备，树木花草雇佣乡民料理。到了20世纪30年代后，“举人花园”基本无人管理，破败不堪。50年代初，虽然花园的围墙已无踪影，大门的门庭石柱、前厅堂的残垣断壁还依稀可见。现在的“人人乐购物超市”（20世纪50年代是天津市物资局下属的沙石场，毗邻京山线）西侧路口的位置，就是当年“举人花园”大门所在处。

◎ 大直沽中街50号清举人李耀曾先生庭院内海棠盛开

◎ 大直沽中街50号李耀曾先生故居

大直沽“闽粤会馆”位于东大湖的南侧偏东。早在清乾隆四年（1739），在天津经商的闽、粤、潮“三帮”商人，把清政府多年来给予他们的优惠税金集中到一起，在老城的北城根儿买了一块土地，建起了“天津闽粤会馆”（现中医研究院址）。会馆参与每年的妈祖娘娘接送驾以及筹建“义地”事宜。“闽粤会馆”的义地就在海河下游的大营门梁园附近，后因原“闽粤义地”卖与德国领事馆建房，复又在大直沽购买了这块义地，但规模已不能与梁园义地可比。在大直沽再次购置了新的“闽粤义地”之后，“三帮”商人选址修建了大直沽“闽粤会馆”。会馆位于“闽粤义地”的西侧偏南不远处，大门楼坐西面东、高大庄严。会馆内部是四合院儿，院内宽绰整洁。两扇大门上绘有两尊威武雄壮的门神，色彩斑斓，栩栩如生。在大门前修建有高达两丈有余、宽达数丈的照壁，上边镶嵌着瑞兽麒麟，神采奕奕，威风凛凛。会馆内外栽种了数十株参天大树，显现出一派南国风光。

（二）“古貌草图”图例的内涵及大直沽三宗宝之“古庙”

1. 学堂

古貌草图标注的学堂有八处之多，一直到近代较有影响的有，中街西头儿、坐北面南的“天津市民立第六小学”（由“地藏庵”改建，俗称“大学堂”）；位于大直沽前台儿西南处、坐北面南的“天津市立第三十九小学”（现六纬路小学，位于六纬路与大直沽中路交口的东北角）及其坐东面西的分校（由天妃灵慈宫正殿东侧的侧殿改建）；位于大直沽前台儿东北角处、坐南面北的“慈善小学”（义和街与津塘公路交口南侧“志修堂”，即义和街小学，现已拆除）；位于药王庙西南侧、坐北面南的“私立津沽小学”以及私塾，等等。

◎ 清代举人民立第六小学创办人李耀曾

◎ 大书法家民立第六小学创办人李学曾

“民立第六小学”由大直沽清末举人、直立省议员李耀曾（字雅香）和清末秀才、书法大家李学曾（字子和）兄弟二人，在“科学救国、拆庙兴学”的改革思潮影响下，于清光绪三十年（1904）收庙产为基金，改建“地藏庵”。位于大直沽中街西头的地藏庵，是一座坐北面南的四合院儿。他们不失时机地组合了四个私塾的百余名学生、十余名教师，并于1920年向西侧扩建出一个后院。1925年受“五四”运动影响，李耀曾、李学曾二位先贤又在学校后院开设了“女子分校”，并专为女生开设了通往校外的便门，这在封建时代乃是很明智的举措。学校在20世纪50年代初更名为“大直沽中街小学”，后又在中街的同侧靠东一百二十余米处开辟了一个分校。“民立第六小学”的教育教学质量享誉津门，培养出了一批国家的栋梁之才，所以该校被津沽乡民尊称为“大学堂”。

◎ “民六”小学（大学堂）童子军合影

李耀曾天资聪慧、独具慧眼，“儒而好贾”，创办了酒厂（“同兴西号”即为“同兴涌”酒厂，后又更名为“同兴永”酒厂）。中年的李耀曾为酒厂的兴建、开拓、发展倾注了全部的精力，其采用科学配方、先进工艺和优质原料酿造出的烧酒和再制酒与大直沽“义聚永”烧锅等名店的产品品质齐名。天津酿酒界曾委托李耀曾成立酒业研究所，于1915年成立了天津酒业同业公会，李耀曾被推举为同业公会主席。为了维护天津酒业的声誉和市场，他曾经四下江南打击假酒，取得了胜利，赢得天津酒业同仁的赞誉。1940年以后，因日本控制粮食供应实行配给制，酒厂无法维持经营，改建成“大学堂”的分校、开设粮店（变卖祖父遗产开设的“同兴东号”粮庄，位于大直沽宫前街靠南，坐东面西，有门脸三间。20世纪二三十年代，曾经是大直沽最大的一家粮店），开辟出一条“儒贾结合、以贾养儒”的教育救国、实业救国的道路。

书法大家、乡贤李学曾与华世奎齐名，是大直沽的骄傲。民国年间出版的通俗读物《天津地理杂字》记载：“华世奎、李学曾，天津写家说得清。”李学曾五岁作书，六岁作画，初以古代“急就章”和“千字文”等识字课本中的字为书写内容。其父李香谷（清同治年间廪贡生，在大直沽享有盛名）见其独具书画天才，开始引导他研习书法。少年李学曾上午临摹书法，下午作画，早晚背诵诗词古文。他临摹书法作品时细心领会前人在结字方面的特点和经验，认真揣摩前人每个字的笔道、笔道位置和间架结构的规律，开动脑筋领会其字的形、神、韵，加以融会贯通。经过几年的书画研习，他的书法功力日见长进，13岁时其书法和绘画已名闻乡里，被公认为“奇才”。他师承家学，诗、书、画俱佳。光绪三十年（1904）后，他潜心研究书法，通学历代各大书法家之篆、隶、行、楷、草。他说：“各大书法家都有共同点和不同点，择其优而据之。王羲之书法刚劲中正，静逸秀拙，如龙跳天门、虎卧凤阁；王献之书法结体宽绰，行笔流畅，书风隽美。二王是我国书法史上历代文人墨客学习的楷模，不得不学，更不得不深学之。”李学曾通临历代各家书法碑帖，远学王羲之，近取赵孟頫，备精诸体，博采众长。他的作品自成一派，小楷尤有造诣。他的书法意在笔先，力透纸背，自然挺拔，神融笔畅，功力非常深厚。他写字讲求间架结构，笔势雄健，方圆兼施，回转浑深，气势磅礴，字形结体内紧外拓，内含筋骨，秀润飘逸，雍容壮伟。

◎ 李学曾书联（赵则予收藏）

乡贤李学曾的传世佳作颇多，其中有临摹书法精品（如赵孟頫《纨扇赋》）、立轴、中堂、屏幅史实、书联、册页、牌匾（如刘庄大街牌楼）、碑刻（如《大直沽救乱记碑》由李耀曾撰稿，碑文记述了1900年八国联军洗劫大直沽后，乡民团结奋斗、重建家园的悲壮史实。现存于天津历史博物馆）等。李学曾为乡民抗击外侵之敌愤书“保卫乡闾”匾额。

◎ 李学曾书匾（赵则予收藏）

李学曾任“大直沽大学堂”校长期间写过许多大小楷范字（即仿影），石印后供学生临摹（现小楷范字保存于其曾孙李镒之手）；在校内设“袭古堂”，专门印刷《中小学生习字帖》对外出售。这些大小楷字帖，对天津早年中小学书法教育影响很大。李学曾希望“袭古堂”成为承袭传播书法技艺的殿堂，以使自己献身的教育事业和中华优秀书法艺术代代相传。1933年，正值壮年的李学曾因病去世，天津各报均有报道或刊发了纪念文章。

“大直沽中街小学”是笔者的母校，乡贤李学曾的孙女李婉华（1914.2—1985.12）于20世纪50年代初担任校长，以后升任天津六中校长。李校长曾于1941年参加中共地下党读书会活动，从事地下工作，并加入了中国共产党。李校长的嗓音十分厚重，在面向全体学生讲话时，一张口总是粗声粗气地说：“嗯（拉长两三秒），同学们好……”犹如一位男性长者在演讲。平日李校长的表情总是显得那么庄重、威严，可是一旦在校园近距离见到她时，她总会俯下身来、面带微笑跟我们轻声说话，让我们感到特别亲切。当年，李校长主张让我们早晨上学带“饽

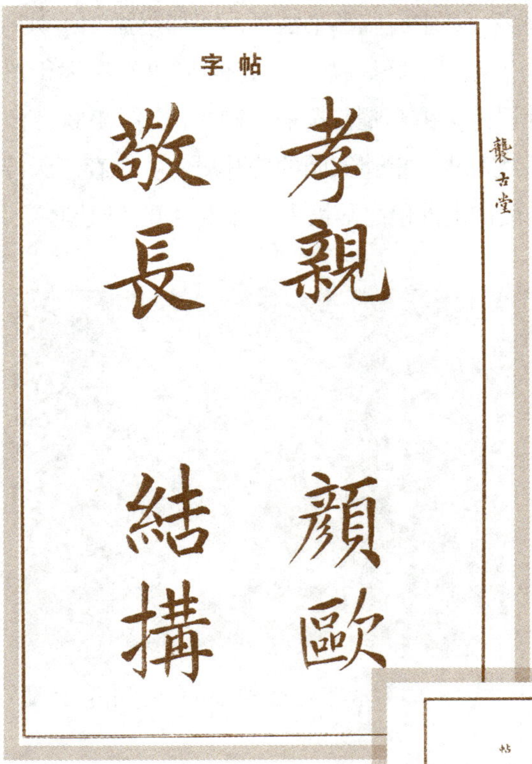

◎ 李学曾书小学中学通用习字帖

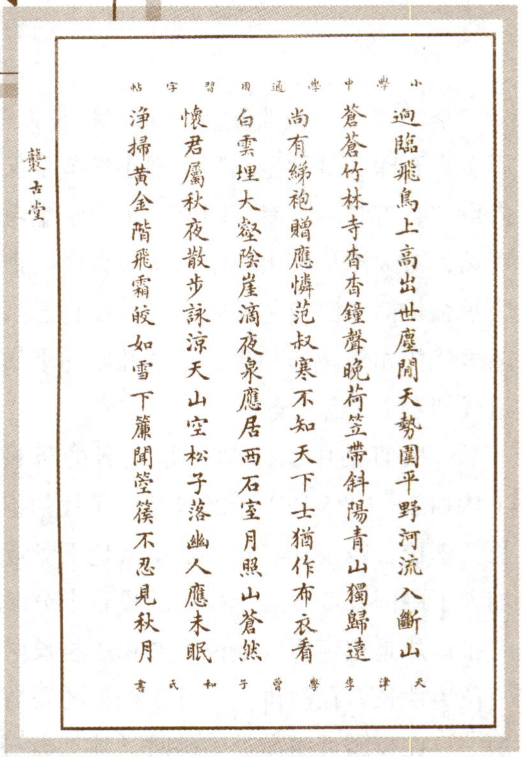

◎ 李学曾书颜欧字帖

饽兜”（在家长绣上孩子名字的小布袋里装上窝头。由于粮食定量供应，面粉配比少，带馒头的学生都很少），全班所有学生带的窝头集中到一起送到锅炉房熥热了再吃。如今依然清晰记得每天早上从锅炉房外闻到的几百家热“饽饽兜”的混合味。李校长还主张学生们每天交二分钱喝热豆浆。当时，年近五旬的工友沈大伯赶在下早自习之前，从距离学校近五百米的“大直沽宫前”豆腐坊用木桶挑来热豆浆，再发到各个班，分到我们的搪瓷水碗里，寒来暑往从不间断。尊敬的师长们在细微之处的关爱和恩德至今无法忘怀。我们在1960年小学毕业集体升入“天津市第六中学”的开学典礼上，又听到了李校长的讲话，原来她老人家跟着我们调到六中当校长来了。后因年事高、身体弱，李校长主动向上级领导要求离开中学领导岗位，先后调入河东区第二中心小学、崇德里小学担任校长工作，于1972年在崇德里小学退休。

◎ 李学曾先生的孙女李婉华校长

“市立第三十九小学”坐落在大直沽德士古美孚石油库的对面，坐北面南；分校由天妃宫侧殿改建。20世纪50年代初，在该校执教的李六姑是乡贤李耀曾的女儿。她十八岁出嫁，十九岁孀居，是一位独善其身、才学横溢的女教师。她平日只穿男式服装，梳着男式“背头”，所以被乡亲们爱称为“背头李”。李老师的口才极佳，教学能力受到学生、家长和同事们的交口称赞。

“大直沽慈善小学”由大直沽乡贤赵佩衡先生（人称赵五爷）募化创办，无偿向学生提供课本、文具。“慈善小学”是乡里穷苦人家孩子读书的地方。在赵五爷的精心管理下，学校教学有方，蜚声津门。赵五爷为了慈善办学殚精竭虑，倾其大部分家产，深得乡里、社会各阶层人士赞誉。军阀吴佩孚得知赵五爷办免费“贫民小学”的善举，亲自题匾褒奖。笔者的父亲儿时曾在该校学习。

2. 公所

大直沽“志修堂公所”初始设在大直沽义和街96号（为前后院），在烧锅做活儿的刘虎臣老人（人称刘三爷）家中。他家居住后院连五间坐北面南的青砖瓦房，中间的三间被会所占用。后经乡贤赵佩衡先生向他的儿女亲家何三爷（曾在东北军界任职）、乡里商号、友人募捐，在大直沽义和街北口处创建了大直沽“志修堂公所”。公所坐南面北，朱漆大门里有一个天井，安放一座石碑；后面是公所的大殿，殿内的陈设古色古香、庄严典雅。“慈善小学”就设在大殿后院的平房内。

“志修堂公所”乃是“理教”的道场。“理教”产生于清朝初期，信奉羊祖（即羊澄清，后改名羊来如），是以“反清复明”为宗旨的群众团体，清朝灭亡后依附于佛教。公所提倡乐善好施、戒烟戒酒，实行赈灾义诊、舍药戒毒、扶贫助残等善举。用老人们的话说，公所是“在理儿”的人们活动的地方。理教信徒信仰佛、儒两家，讲究“烧香”“上供”“打坐”，主张养生，戒烟酒是绝对的戒律，只要破戒（俗称“开理儿”）就会被开除出“理教”。参加者多是小市民阶层，富贾巨商很少加入。据说位于大直沽前台儿以西的西观台儿曾设有一个公所。

3. 坎

在前台儿、后台儿的四周，还分布着面积大小不一的小高台儿，俗称“坎”。坎的面积与前台儿、后台儿相比微不足道，一般坎上只居住着几户、几十户人家，最大的不过一二百户，如位于前台儿东西两侧东孙（家）台儿、西孙（家）台儿，西侧偏北的刘（家）台儿，以及如古貌草图所示的位于东关、西关附近的东观台儿、西观台儿等。这正是对“大直沽三件宝，古庙、烧锅、台子高”的写照之一。居住在这些坎（小高台儿）上的人家，基本都是相继外来的难民。这些饥寒交迫、无依无靠的穷苦难民之中，一些人家的居所竟然是捡用坟茔中已腐损了的破棺材板搭建而成的。

近一个世纪以来，人们称谓的“大直沽中台儿”，实际是自1913年开始由帝国主义列强开拓的津塘公路（如古貌草图所示，从后台儿的袁家、李家居所以南的位置穿过）。当时津塘公路是由沙石、炉灰铺成，人为地把后台分成了两个部分（人们为了便于区分，把临近前台儿的较小部分称为“中台儿”，把原先的那一大部分仍然称为“后台儿”）。现在，毗邻津塘公路的大直沽“荐福观音寺”内的高台儿，是原始后台儿自然地貌的较一小部分。2013年10月落成的“荐福观音寺”正殿前那棵树龄近六百年的古槐树（在原址居民李氏院内）就是最好的历史见证。

4. 坟地

在古貌草图中，由南向北标注了大直沽乡民赵家（官坟）、魏家、梁家、孙家、吕家、王家、刘家、任家（官坟，俗称“花墙子”）、赵家、汪家、薛家、冯家等的十二处坟地，另有“闽粤义地”一处、沙俄“老毛子坟地”及“新俄毛子坟地”各一处。

大直沽人人皆知的“花墙子”任家官坟，占地六百多平方米，大门坐北朝南，里面杂草丛生，坟茔大小不一，紧紧地挨在一起。坟茔四周用青砖围成的长方形围墙，由于其上有镂空的砖砌形状，所以被人们称为“花墙子”。它的东侧有七株参天大杨树，开阔平整的黄土地上有几个石板凳，有一条小土路贯穿南北。夏秋季节，这里是老人与孩童纳凉、玩耍的好去处，周围的田园风光美不胜收，儿时放学后我常和同龄伙伴到那边捉迷藏、逮蛐蛐、抓蚂蚱。

“闽粤义地”由闽粤会馆筹建，是专用来安葬已故闽粤籍的商贾及其家属的坟地。最早的“闽粤义地”选址在大营门梁园附近，规模较大。每年盂兰节，都要斥巨资举办盛大的盂兰盆会。后因梁园“闽粤义地”卖给了德国领事馆建房，于是在大直沽又购买了这块义地。大直沽“闽粤义地”占地仅二十多亩，比梁园义地的规模小得多。20世纪60年代末，“闽粤义地”搬迁后，该地块建设为“天津市染化三厂”。20世纪50年代初，一个夏季的晚间，我陪着一位同龄伙伴到前街的东头找他的家长，临近“闽粤义地”时看到里边有一闪一闪的亮光，人们说那是“鬼火”（实际是散落在义地里的尸骨，白天被烈日曝晒后晚上骨质中磷的自燃现象）。20世纪70年代后期，因治理城市污染，天津市染化三厂迁出，改建成民居商品楼房。

◎ 八国联军入侵天津

1900年八国联军攻打天津时，沙俄军队充当了头号杀手。八国联军闯进大沽口后，沿海河上溯进犯天津。沙俄强盗尤为残忍，烧杀奸淫，穷凶极恶，沿途几十个集镇、村庄无一幸免。他们血洗、残杀大直沽乡民的残酷、野蛮罪行，是有史以来大直沽遭受的最大劫难。沙俄强盗的罪恶被大直沽人记载于《大直沽救乱记》碑文上。沙俄侵略者遭到英勇善战的义和团和天津民众的顽强抵抗，沙俄官兵八百余人先后被杀死，埋葬在大直沽后台西侧的“老毛子坟地”。20世纪50年代初，在“新老毛子坟地”里，老人们还见过俄国人往里边埋葬故去的家人。

5. 桥与路

大直沽前台儿犹如龟背，前街、中街、后街与义和街垂直相交，形成八个街口，分别以《易经》中的八字命名，成为“直沽寨”的八座寨门。老人们介绍：“在大直沽的乾、坎、艮、震、巽、离、坤、兑八座寨门外，都用石板架在寨河上。我们小时候还见到过这样的石桥，现在顺着大直沽的台子往下挖，说不定还能找得着（埋在地下的石桥）。”20世纪50年代初，笔者儿时在前街东口“巽门”外、“闽粤义地”的西北角，也看到过已经绝大部分埋入地下的石桥，仅露出二三十厘米的石桩、石桥栏。80年代平房改造时，义和街、前街、中街、后街及其高台儿地貌被毁，古香古色的大直沽街巷老宅荡然无存。

如古貌草图所示，大直沽以东标有三条古路，其一为贾（家）沽道（即八纬路及以东的诚友庄路，被于1957年兴建的第二工人文化宫拦腰截断）以及二宫正门以东的富民路；其二是张贵庄路（后台儿通往张贵庄路的土路早已不存在）；其三是通往东局子的程林庄路与外乡沟通的土路。出“东关”的贾家沽道上还有一条南北走向的、任家官坟地与刘家坟地之间的一条小土路，便于乡民、菜农往来通行。

如古貌草图所示，出大直沽的“西关”有田庄道，田庄是毗邻大直沽前台儿西南的小村庄。据大直沽平房拆迁时义和街出土的歌颂清代大直沽乡绅杨雨初护路、修路的《功德碑》记载（光绪二十九年十月初六日撰），“大直沽西有大路一股”，到唐家口三里之遥。笔者分析此路是出“西关”石桥通往西北方向、三里之外唐家口村的土路。

值得说明的是，途径大直沽的若干条干道，如东西走向的六纬路、八纬路、津塘公路，南北走向的十五经路、一号路至八号路以及九号路、十号路等，都是八国联军入侵后，为了残酷掠夺我国资源和财富，由俄国、比利时等帝国主义列强先后修建的。显然，这些路都是在古貌草图展现的年代之后所建。

6. 宫观庙宇——大直沽三宗宝之“古庙”

从古貌图中可以发现，天妃灵慈宫古貌图所示，药王庙、玄武庙、九天玄女庙自南向北，基本都分布在前台、后台中轴线上的位置。而且除了天妃灵慈宫位于前台的中心位置，其他三座庙观都坐落于地貌形似龟头的后台儿。而隶属于“佛教”的东大寺（庆国寺）、鹤鸣寺则位于大直沽的东侧，西大寺（镇海寺）、观音堂、地藏庵等位于大直沽的西侧。需要说明的是，西大寺、玄武庙、九天玄女庙等庙观早已湮灭，不复存在，现将笔者查证到的相关资料、史籍情况简介如下。

“大直沽天妃灵慈宫”建于元世祖至元年间（1283—1294），俗称东庙，历经元明清三代七百余年，先后进行过五次大的重修。从元代开始兴盛的海漕运输，把妈祖信仰和妈祖文化带进了津门。天妃宫对于天津城市的由来、发展具有十分重要的意义，被史学界称为“天津第一庙”，被中华妈祖信众尊称为世界三大妈祖庙之一（另两座大妈祖庙是莆田湄洲岛妈祖祖庙、台湾北港朝天宫妈祖庙）。1900年八国联军入侵天津后，“大直沽天妃灵慈宫”的正殿、后殿遭凶残的沙俄强盗彻底焚毁。1902年以来，当地居民、商贾集资重修了正殿，重塑了正殿内的塑像，恢复了农历五月初一日至五日的庆典活动。20世纪50年代初，正殿内的塑像被拆除，天妃庆典活动自然消失。正殿主体最终于20世纪90年代末大面积平房改造时才被拆除。如今，天津“世界三大妈祖庙”的盛誉被我市现存年代最早妈祖庙之一——天津古文化街天后宫（史上俗称“西庙”）所拥有，这是信仰、崇尚天妃、天后（妈祖）文化的天津人民的福祉，中华妈祖信众的福祉。迈入新的历史时期，在天津市政府、天津市南开区政府、天津市妈祖文化促进会、天津市天后宫管委会的倾心维护、推动下，热爱天妃、天后（妈祖）“立德、行善、大爱”精神的天津人民，为天妃、天后（妈祖）文化在津沽大地传承、弘扬做出了重大贡献。

“大直沽药王庙”傍前台儿与后台儿之间的寨河北侧的高台儿（以后这段寨河被填平后，为大直沽西街的东端），坐北朝南。“大直沽药王庙”供奉的是流传于民间拯救民众于水火、挽救民族于危难的唐代神医孙思邈。孙思邈被世代相传、神化，被奉为药王。农历四月二十八日是药王的诞辰日，每年这一天“药王庙”都例行举办隆重的祭奠活动，四方信众纷至沓来，盛况空前。自1900年八国联军火焚大直沽之后，庙内庭堂及设施被严重破坏，庙内香火早已不复存在。20世纪六七十年代，其青砖砌的主体建筑被天津市互感器厂作为生产车间占用。

老人们介绍，“大直沽后台儿的玄武庙，当初是曹操所建”。罗澍伟先生从史籍中查证到，在东汉末年，“曹操东征乌桓时，的确到过这

◎ 天津天后宫正殿前

◎ 天津天后宫正殿内妈祖塑像

一带”。“玄武庙”供奉的是玄武大帝，又称玄天上帝、佑圣真君玄天上帝，全称真武荡魔大帝，为道教神仙中赫赫有名的玉京尊神。明朝以后，对其的民间信仰尤为普遍。玄武大帝也称真武、玄龙、盘古之子等。相传于玉帝退位后任第三任天帝，生有炎黄二帝，曾降世为伏羲，为龙身，中华之祖龙。玄武大帝属水，当能治水降火。大直沽先民修建“玄武庙”，就是为了祈盼免于水火之灾。

如古貌草图所示，“九天玄女庙”位于大直沽后台儿北偏西的下坡处。遗憾的是就连年近九旬的老人也没有见到过它。玄女原为道教中的女神，是东方种族的伟大母亲，人们尊称她为女娲娘娘。相传她是黄帝的生母，曾帮助黄帝打败了作乱的蚩尤。九天玄女又被称为至尊人格首神，天上人间的保护神、生育神、生命神、福神、财神，因此深受万众敬仰。由此可见大直沽的先人们建立九天玄女庙的美好希冀与企盼。

“庆国寺”位于河西区新围堤道南北大街北段的西侧（即现今“挂甲寺”）。相传该寺是隋炀帝敕命建造的古刹，并且敕名为“庆国寺”。传说唐代李世民在征辽返回的途中驻师“庆国寺”，曾经在此地挂甲休憩。因此，后人把“庆国寺”改名为“挂甲寺”以示纪念。明万

◎ 津门挂甲寺

历二十八年（1600）的《重建挂甲寺碑记》记载："大直沽迤南三里许，有古刹曰庆国寺，后名挂甲寺。其由来远矣，图经无考，得于父老传闻云：当大唐征辽奏捷，驻师此寺，因更名焉。世远倾颓，遗址尚在。""挂甲寺"所在地大孙庄村，原在海河之东。以后"大孙庄村"的村名逐渐被"挂甲寺村"村名替代了。

◎ 海河水系图裁弯前挂甲寺在河东

八国联军入侵天津以后，列强们为了军舰、货轮行驶方便，开挖了新河道。在1902年海河裁弯取直之前，自挂甲寺至杨庄子一段，原来都在河东一侧。解放南路中学和“津河”源头之间的那一段解放南路和河西区古海道一段曾是海河故道。裁弯取直之后，“挂甲寺村”和“小孙庄”被隔离于海河两岸，形成现今的地理地貌与海河现状。从上述古貌草图中，大直沽道教、佛教宫观庙宇的分布情形，是否说明大直沽先民自古以来，对源于中华本土的道家的“道教文化”的崇拜，相比于舶来的佛家（源于古印度）的“佛教文化”的崇拜更胜一筹呢？

7. 湿地、洼、湖

如古貌草图所示，早年间大直沽前台儿的南侧为盐碱地，俗称河滩洼，几乎没有人家居住。从大直沽前台儿可以一眼望见航行于海河上的大小船只，东侧有东大湖（俗称东大坑）、东大洼、义大湖；西侧有西大湖（俗称西大坑）、后街坑 、薛家湖（俗称薛家大坑）、镜湖；北侧有龟湖（俗称王八坑）。在现今的六号路、八号路位置，有老寨河、东寨河；十五经路位置有西寨河；大直沽西街位置有北寨河；这些寨河沟通了东大洼、东大湖、西大湖、薛家湖。当年，在这些大小坑洼湖畔，建有多家大直沽的烧锅（酿酒厂），汲用连通海河、御河甘洌可口的井水，得天独厚。1930年《天津志略》记载：“天津烧锅最盛时多达二十七家，而大直沽就有十六家。”清代道光年间诗人崔旭咏有赞叹“名酒同称大直沽，相如琥珀白如酥”的佳句。“直沽高粱酒”及用它生产的勾兑酒“五加皮”“玫瑰露”等再制酒享誉海内外。如古貌草图所示，“闵粤义园”北侧的梯形标示（内有两个小长方形）即是蜚声中外的酒坊“三大永”（同丰永、义聚永、义原永）之一的“义聚永”酒坊。

如今，这些坑河洼湖早已被填埋后的道路所取代。20世纪50年代初笔者见到，夏季大暴雨过后，大直沽前后台儿的四周一片汪洋。住在台儿下被灌进大水的人家叫苦连天，人们把大门板卸下来当木筏撑着往高台儿上边搬运东西。

（三）“大直沽古貌草图”涉及年代之见解

由于朱龙泉先生没有对古貌草图起始、截止年代予以注明，所以笔者综合上述地理地貌史况和图例等相关信息、资料的介绍、分析，对古貌草图所涉及年代的界定提出如下见解。

虽然古貌草图提供的相关信史可以上溯到东汉末年曹操建的“玄武庙”、唐朝的“挂甲寺”以及“辽、金、元教兵场”等，但毕竟口碑内容不丰富，史籍依据不是很多，文物发现不充足。因此，大直沽古貌草图涉及的年代，可以视为从口碑、史籍、文物依据较为充分的金代直沽寨开始，往后可以截止到20世纪初。

古貌草图中没有标示大直沽前台儿以南，于1923年先后在海河东岸比利时租借地由英国商人开办的“和记洋行打蛋厂”（天津第一食品厂前身）、美国商人建造的“德士古洋行石油库”、日本商人开办的“裕丰纱厂”（天津棉纺一厂前身）以及昌和铁厂（天津自行车厂前身）等。

古貌草图中没有标注“地藏庵”，却标注了1904年由“地藏庵”改建的“市民立第六小学”。

古貌草图中没有标示1900年以后由帝国主义列强先后修建的途径大直沽的若干条干道（六纬路、八纬路、十五经路、三号路至十号路、津塘公路）等。然而，古貌草图明确标注了1900年初八国联军入侵天津后埋葬被我国军民英勇顽强抗战杀死的沙俄强盗尸骨的“老毛子坟地”及以后的“新俄毛子坟地”。

因此，笔者认为“大直沽古貌草图”是对始于金代的“直沽寨”截至20世纪初的大直沽地域历史古貌及其设施的草绘描摹。

二、探究金代都统梁佐在大直沽的血脉关系

笔者在十多年学习、调研、写作家乡大直沽历史文化的过程中，得到了诸位津门历史文化和民俗文化专家、学者的鼓励和鞭策，逐步提高了对“探究金代直沽寨都统梁佐在大直沽的血脉”必要性的认识，产生了追寻世居大直沽梁氏宗亲血脉关系和求索大直沽梁氏家谱的愿望。癸巳年（2013）春，笔者偶遇本族兄长梁家富，此一心愿得到了热情的响应，遂开始了走访大直沽梁氏宗亲的调研活动。我们希望借此义举回报梁氏的列祖列宗把我们一辈一辈地带到这个天地之间的恩德，同时为丰富津门历史文化作出大直沽梁氏家族后人的一份贡献。

（一）关于“大直沽天妃灵慈宫”考古成果和“金代直沽寨”口碑的价值

20世纪末，冯骥才先生在为纪念发掘“大直沽天妃灵慈宫遗址”撰写的文章《遗址的价值》中写道:“从大直沽天妃宫遗址的发掘中，可以清晰地看到清、明、元三个时代依次叠压的文化堆积层，甚至可以找到一些零落的更早（宋代）的文化痕迹。”他深刻地指出：“考古发掘不同于文献记载，它是具体的实据。所以，考古发掘可以修正文献，更可以证实文献记载。天津历来有金代的直沽寨、元代因海漕而兴起的海津镇的记载。民间还有‘先有大直沽，后有天津卫’之说。1998年对大直沽的考古发掘的意义重大，使历史文献记载以及民间传说，都成为牢靠的信史，并使天津人民终于找到了自己城市那个赖之久远的深情的根。”冯先生对大直沽文化在天津市历史文化中的地位和意义做出了理性的、高度的评价。

◎ 金代校兵场（今天津市河东区体育场）

原天津市社会科学院历史研究所所长罗澍伟教授对大直沽历史文化的关注、研究由来已久。罗先生早在1994年就曾经和诸位学者来到大直沽，与一些年逾古稀、见多识广、饱经风霜的老人们进行了座谈，对老人们所提供的世代相传的口碑给予了充分、高度的评价。老人们谈道：“有人老问，直沽寨在什么地方？其实就在今天的大直沽，直沽寨当年是大宋的地界儿。现在的河东体育场，就是当年的校兵场。后来归了

◎ 大直沽“天妃宫”考古地基

辽、金、元……大直沽的周围遍布洼淀，四面环有寨河。前、后台儿之间也有河相隔。前台儿叫前营寨，也叫大营寨或前山屯；后台儿叫后营寨，也叫小营寨或后山屯……当年的大直沽设防布置如同龟形，前台儿为龟身，背分八格；后台儿似龟首。龟是万年的神物，所以大直沽特别有风水。”

金史《完颜佐传》记载：“完颜佐，本姓梁，初为武清巡检。完颜咬住本姓李，为柳口镇巡检。久之，以佐为都统，咬住副之，戍直沽寨。”罗先生听老人们介绍：“金朝的时候，任命梁佐为都统，李咬住为副都统，镇守直沽寨。至今大直沽姓梁的和姓李的还很多，大多都是梁佐和李咬住的后代。”

我们的祖祖辈辈生活在大直沽被称作“梁家旮哈”的梁姓聚居区（中心位于天妃灵慈宫东侧一百五十余米）。20世纪末，平房改造之前仍然有二百余户朝夕相处。然而，探究他们是否确有宗亲血缘关系，与金代直沽寨都统梁佐是否有血脉关系，无论从历史意义还是现实意义来说，都具有十分重要的社会价值。

（二）追寻世居大直沽“梁家旮哈”梁氏宗亲的血脉关系和家谱情况

在追寻大直沽梁氏宗亲血脉关系的过程中，当被访问的家族亲人得知笔者是梁瑜的长子时，我们顿时感受到了亲人的呵护和温暖。他们对父亲（1919—1996）能文善武、治病济困、磊落贤达和母亲邓洪霞（1918—1997）慈善仁厚、坚忍勤奋、贤惠大度的品行仍然铭记在心，二老的声望为我们的善举带来了一路的关爱和便利。

近七十年以来，我们感到居住在“梁家旮哈”的梁氏宗亲虽然朝夕可见，然而联系不多、沟通甚少。尤其近半个多世纪以来，世居大直沽“梁家旮哈”的几代梁姓人家对家族血脉关系知情者很少，甚至一无所知。

1. 世居大直沽“梁家旮哈”的梁氏各个支脉之间确实存在血缘关系。经过一年的调研活动，我们对世居“梁家旮哈”的六大支脉宗亲的血脉关系的认识愈加清晰，即以位于大直沽义和街李家胡同的7号、1号，历来称为“东院儿”（人称梁七奶奶院儿）、“西院儿”的两个院落构成的一支；以位于大直沽同乐街上坡的梁家胡同26号、28号、30号和相邻的大直沽后街1号的四个院落（以下统称“前院儿”）构成的一支；以位于后街苏家胡同6号一个大院儿（以下称“中院儿”）构成的一支；以位于大直沽义和街104号一个大院儿（人称“梁老奶奶院儿”，以下称“后院儿”）构成的一支；以位于大直沽中街5号一个大院儿（人称“天成老奶奶院儿”，其家人经营《天兴成杂货店》。下称“南院儿”）构成的一支；以位于大直沽义和街赵家胡同4号一个大院儿（人称“胖老奶奶院儿”。下称“北院儿”）构成的一支。

笔者（1947年生人，世居“中院儿”）的姑姑梁淑珍（1926年生人）谈道：“老世年间，一旦知道哪个院儿（上述六大支系各个院儿）里家族长辈去世的消息后，大人们就带着我们拿着自个儿家的孝服去哭丧。”

通过调研发现，在大直沽梁姓同龄族人的辈分中，“前院儿”和“中院儿”的同龄人，比“东院儿”“西院儿”“南院儿”同龄人的辈分小一辈，比“后院儿”“北院儿”同龄人的辈分小两辈左右。这体现出了宗族辈分之间的自然繁衍状况。我们的父辈生前曾经提到：“家谱很可能保存在岁数小、辈分大的族人手里。”

2. 见到了一位曾经传承“家谱”的前辈

经过几个月的辗转，我们终于找到了搬迁过多次的爷爷辈分的梁德贵老人（1935年生人，世居“后院儿”）。他于1956年公私合营前经营山货行业，因糖尿病已经卧床半年多。老人清晰地记得1966年“文化大革命”后开始不久被迫把家谱销毁的情形：“当初并没有把这个事儿看得那么重。见到抄家、游街，查‘四旧’、搞批斗，害怕家谱被发现，牵连了家人，一天夜深人静时就把家谱连同麻将等‘四旧’都扔进了地沟。”他还介绍说：“家谱的红缎子封面破旧了，可是还很滑溜。里面的宣纸都发黄了，上面是用毛笔写的字。过去的年头太久了，现在根本想不起来是怎么写的了。”（调研当时，老人的长女梁英和儿媳在场）

在调研过程中，笔者听到“南院”奶奶辈分的秦鸿珍老人（1928年生人）讲道，20世纪60年代初，笔者父亲梁瑜曾经找到她的老伴儿梁士珍（1926—2004）询问“家谱是不是保存在您家里”。秦鸿珍奶奶说：“那时候，我们的手里已经没有家谱了。”（老人现已去世）

通过调研获悉，大直沽梁姓六大支系的族人中（如“东院儿”和“中院儿”人的家里），从20世纪初陆续有多户迁居北京、上海及南方其他地区从业的，以后几乎不相往来，联系中断。据竹平叔说，20世纪70

年代后期，一位定居上海的梁姓老者（衣冠体面大方，自称从事画业），在儿子的陪同下到大直沽寻宗问祖。由于梁姓人家往来、沟通甚少，所以老人在较短的时间里无法获得满意的结果，怏怏而归。

虽然，我们调研大直沽“梁家旮旯”梁氏血脉、续写“家谱”的努力，已经向前追溯了二百余年，比较圆满的确认了世居大直沽“梁家旮旯”梁氏六大支脉的宗亲关系，但是对于确认这一宗亲血脉与金代都统梁佐的血脉关系的愿望还相差甚远。显然，继续采取向健在的宗亲人员记录追忆的方式续写家谱已然非常困难了。

我们充分认识到：追寻大直沽“梁家旮旯”的梁氏家谱，是澄清世居大直沽梁氏宗亲与金代都统梁佐血脉关系的关键。

（三）追寻金代直沽寨都统梁佐在大直沽的血脉过程中，获悉到的前辈口碑

1. 关于大直沽梁氏祖坟与坟地

◎ 梁氏宗亲恳谈活动合影

（1）多位健在的前辈异口同声地指认“大直沽古貌草图”标示的“梁家坟地”处，是那座高大祖坟的位置。坟地位于大直沽东下坡、宋家胡同以北，占地三亩多。

（2）“中院儿”梁淑英姑（1920年生人）说：“听老辈人讲，埋在祖坟里的老祖宗有五个老婆。祖坟又高又陡，小孩想爬都爬不上去。” 20世纪50年代初拆迁祖坟时，一位参加迁移祖坟的族人被轰然坍塌的坟头掩埋，不治身亡。

（3）“后院儿”梁德贵爷讲：“小时候每到清明上坟，我都和爷爷给老祖坟上供、磕头、烧纸钱。”

（4）家富兄（世居“前院儿”）分别听其父梁钰田（1902—1980）、五叔梁钰贵（1907年生人）说过：“梁家在翟庄子（天津东丽区）还有两亩地的‘梁家坟地’。”

（5）笔者的奶奶梁王氏在1957年去世（时年八十岁）时，笔者随同送葬，见到棺木埋在了南大桥（天津东丽区）东南处的“梁家坟地”里。

（6）“南院儿”秦鸿珍奶奶讲：“记得一直到五几年（20世纪50年代初）还有人来我们院儿，收取雇来‘看坟地人’摊派的工钱。”

2. 关于把祖上地产无偿献给国家的情况

“东院儿”竹平叔谈道：“大直沽下坡的东大坑及其周边土地，是我们梁家的祖产。地契在‘东院儿’梁永才（1923—2011。梁长顺叔的父亲）的手里。新中国成立初期被国家征用时，梁永才经手把祖上地产献给了国家。当时，政府补偿的钱虽然有限，若分到各院儿各户也能分得一些，并不算少。结果在族人的一致同意下，支援了抗美援朝。”

3. 关于“梁家杠房”

20世纪50年代初，“梁家杠房”由“西院儿”前辈梁文珍之子梁绍清、梁文藻之子梁绍鹏，兄弟二人共同经营。“梁家杠房”位于大直沽中街25号（东侧毗邻窦家花轿铺），坐南面北，是大直沽享有很高信誉的白事门市。20世纪50年代初，他们老哥俩责无旁贷地承担起了迁移“梁家祖坟”的重任。

4. 关于“梁家茶铺”

“梁家茶铺”是由笔者的爷爷梁绍增（1892—1942）经营的水业，坐落在大直沽天妃灵慈宫山门口以西第二家门面（大直沽中街22号。20

世纪50年代初，笔者的父亲梁瑜用来经营“华昌祥鞋帽店”），坐北面南。茶铺不但是老人休闲、聊天的好去处，也是四方往来逛娘娘庙的香客、游客歇息饮水的落脚处。尤其在农历五月初一到初五祭祀天妃庆典的喜庆日子，还在腊月小年到正月灯节期间人山人海、茶水供不应求时，免费向人们提供饮用凉水。

5. 关于“梁家山货铺”

“梁家山货铺”由“后院儿”前辈梁兆安经营，后由其四子梁玉林（1896—1980）继承，其侄儿梁德贵协同经营。位于大直沽义和街106号坐西面东的大院儿进身十分开阔，沿街铺面经营生意，院儿内囤货，住房宽绰，是大直沽唯一一家经营土产杂品的大门市，包括各类生产、生活用的土木、竹、麻材料制作的用具、工具等。由于产品货源充足、规格齐全，所以买卖兴隆，八方客人络绎不绝。

6. 关于“天兴成杂货铺”

“南院儿”前辈经营的“天兴成杂货铺”是梁氏宗亲引以为自豪的大买卖，位于大直沽前街与宫前街交口，坐南面北。其经营规模与大直沽“荣立居酱园”“天成油铺”两家大杂货铺齐名。1900年八国联军残忍地火焚大直沽后，“天兴成杂货铺”的前辈凭借先人埋在地下的钱财，及时还清赊欠供货商的债务，赢得了诚信美誉，在百废待兴的商界取得了供货先机，生意飞黄腾达，誉满津门。

我们调研时听秦鸿珍奶奶讲：当年老祖宗去世时，吊唁的宏大场面令人震惊。治丧期间不但免收宗亲朋友、各界人士的吊唁礼金，而且无偿提供饮食，并且对远道赶来的宗亲、友人一律提供住宿费用。

7. 关于“梁家鹰坊”

据“北院儿”梁建和爷[1946年生人。其母早逝；其父梁曰信（2017—2000）续娶笔者的姨爷之长女翟桂英（1921—2010）为妻]谈到：爷爷梁兆泰（人称梁八爷）家境富庶，终生把玩、驯养苍鹰、猎隼，经验、方法精细讲究颇多。“梁家鹰坊”曾在大直沽后台儿，建有一排鹰房，有几间之多，后移居大直沽义和街赵家胡同4号。鹰隼的头上戴有牛皮缝制不透光的精致头罩，平时不轻易摘下来，以利蓄养鹰隼视觉的敏锐性、攻击的威猛性。众多鹰隼日需精肉喂养，耗费资财不菲，津沽乡里提起大直沽鹰坊梁八爷无人不晓。

笔者曾经多次听家父讲小时候，常跟着驯鹰的本家太爷在草甸子（当年大直沽的前台儿、后台儿的四周除了庄稼地儿，便是杂草丛生的荒野）上撒鹰抓野兔、飞禽的故事。当鹰隼抓住猎物时，家父虽被甸子上野草缠裹，还狂奔不停的感受；赶到鹰隼跟前儿，果断地给鹰隼套上头罩，夺下鹰隼嘴下的猎物（以防被撕烂），常常被太爷爷夸赞“活分、机灵”。至今，笔者才把家父儿时跟随狩猎的这位本家前辈，与这位“梁八爷”联系了起来。

8. 关于“祖训”的记忆

我们从父辈的口中得知的“祖训”是：不要参军，不可当官。从上述各大支脉梁氏宗亲从业的事实，可以看到梁氏后人遵从“祖训”的态度及其从业类型之一斑。

为此，我们深思：是否缘于老祖宗历经了战场的残酷与血腥，不允许后辈再从军务？或者缘于老祖宗当年遭受到官场的磨难与迫害，不允许后辈再从政务？

（四）从专家的指导和建议得到的启示

在我们基本完成调研活动之际，得到了罗澍伟教授的亲切指导。罗先生谈道：“‘梁家旮哈’中的‘旮哈’二字，读音绝不似汉语。金人即满人的前身，这一点连清王朝自己也不避讳。与‘旮哈’相对应的满语以‘噶把什’‘噶布什贤超哈’‘戈什哈’‘戈什哈哈番’等最为接近。”

罗先生特别提示道：“根据《清史满语词典》，‘噶布什贤（gabsi-hiyan）’汉译为军中先锋；‘噶布什贤超哈（gab sihiran cooha）’汉译为军中前锋营；‘戈什哈（gocika）’汉译为亲兵护卫；‘戈什哈哈番（gocika hafan）’汉译为亲兵护卫官，佐领。如果能够从‘旮哈’二字找到与金代历史关系的蛛丝马迹，那就是天津历史研究中的一个突破。”

我们对于“梁家旮哈”中的“旮哈”二字，是自幼从父辈们的口中听说的读音，并不能确切地和以上“噶布什贤超哈”“戈什哈”“戈什哈哈番”中的“噶布……”“噶布……哈”“戈什……哈”联系到一起，而是自己结合天津方言，对“家族人口聚居在大直沽的有限范围内”的“旮旯”地域认知的直白译音，在此仅能作出如是说明。

显然，罗先生提示到的含有“噶哈”“戈哈”的满语，都是与军衔“军中先锋”“亲兵护卫”“护卫官”“佐领”相关。然而，随着岁月的流逝，人们是否对于这些满语读音也会产生变化，或省略其中的某个读音、音节，从而把“旮哈”与“直沽寨”都统梁佐及其家眷居住地简称为“梁家旮哈”了呢？

鉴于目前，史学界关于“金代直沽寨都统梁佐”的文献、史料甚少，加之我们通过调研依然没有得到家谱实证和相关口碑，所以，真诚地希望历史专家、学者能以此为课题进行深入的挖掘、研究。同时，期望借助本书的问世，真诚地向仍然居住在天津的，或迁居到外省市、地区的大直沽“梁家旮哈”的梁氏血脉宗亲以及社会人士求助。真诚地希望珍藏着“大直沽‘梁家旮哈’梁氏宗亲家谱”的贤达、亲人，及时和我们取得联系，使得“探究金代直沽寨都统梁佐在大直沽的血脉”的义举取得实质性的突破。

（五）追寻大直沽梁氏血脉、家谱行动备忘

笔者自2007年退休以来，从调研、写作家乡大直沽历史文化的过程中，在和诸位津门研究大直沽历史文化的专家、学者的接触中，感知到探究我们祖居大直沽的梁氏家族与金代都统梁佐血脉关系的必要性。希望通过续写，或寻求到梁氏家谱的方式，使得这个宿愿获得圆满的答案。自从偶遇本族兄长家富，得到他的积极响应后，我们便开始了这一行动。以此回报列祖列宗把我们一辈一辈地带到这个天地之间的大恩大德。无论这项善举推进到哪种程度，我们都要尽心尽力、竭尽所能地做到最好。

“大直沽梁氏宗亲血脉关系调研活动”历时近两年后，于2015年3月15日（乙未年正月二十五日），梁氏六大支系的代表参加了在天津市“元明清天妃宫遗址纪念馆”展厅前举行的恳谈活动，并且把“调研成果集”和《直沽文化》杂志连载四期的作品《大直沽宫前的繁华》等文字材料分发给大家。于2015年7月4日（乙未年五月十九日），在天津市“元明清天妃宫遗址纪念馆”前，将恳谈活动实况的视频光盘交到了与会的各位家族长辈手中。

三、比利时租界的苦力岁月（口述史）

大直沽老人李殿华于2013年春接受了笔者的采访，诉说了自少年时期以来的苦难经历，感人至深。在此，笔者以第一人称整理成文。（他老人家不幸于2014年5月病逝。）

我名叫李殿华，今年八十六岁了（1929年生人）。小时候家住在天津市河东区大直沽怡安街永兴隆面铺（新和池澡堂子的斜对过）后身的袁家胡同4号。我从十六岁开始（在伯伯的资助下高小刚毕业），为了帮助父亲承担抚养全家十二口人（奶奶、姑姑、父母、四个弟弟、三个妹妹）的生活重担，被迫到海河东侧的比利时租界上，大直沽海河边上被日本人占领的“和记洋行蛋厂”做童工了。

听老辈人讲，早在1900年八国联军从大沽口侵略咱们国家以后，八国以外的比利时列强，趁着“庚子之乱”向清朝政府发难，强行要求在天津大直沽一带设立了租界，结果大直沽被腐败的清政府拱手相让。以后比利时政府把租界地又一块一块地卖给了各国的商人，建起了工厂、码头、油库等，发了一笔横财。“和记洋行蛋厂”就是英国“伦敦合众冷藏联合有限公司”的商人威斯蒂与他的儿子于1923年合伙开办的。他们凭借着他们国家的先进冷藏、烘干设备来到咱们中国疯狂掠夺食品财富，还先后在南边的青岛、南京、上海、汉口，北边的沈阳、哈尔滨等多个城市开办了工厂。

日本占领了天津以后，日本兵强行从英国人手里把“和记洋行蛋厂”归为已有。他们对工人的压榨、剥削更加残酷。日本兵随便打骂工人，时常有工人被打聋、打伤、打成肢体残废；侮辱人格，罚工人下跪；强迫工人加班加点、连轴转，变着法儿克扣工资；惩罚偷拿食品的工人尤其狠毒，强迫长时间双手举重物罚站，以致晕倒不省人事；有的被扣上思想不良、嫌疑分子等罪名送到盐坨地的日本军仓库（注：六纬路与光华路交口处的“新仓库”）的“日本1820宪兵队”惩治，不少的工人被折磨致死；还有不少工人被强征“劳工”押送到日本服劳役，惨死在那里。他们还雇了一些汉奸、特务、工头监视控制工人，设立刑训室，用吊打、狗咬、过电、曝晒、冰冻、灌凉水、灌辣椒水等刑法迫害工人，工人的生命安全得不到保障。我虽然听到那么多关于日本人心狠手辣的作为的言论，为了家人能够吃上饱饭，还是强硬着头皮去了。奶奶一再嘱咐我："干不了别硬撑着，不行就快回来。"

"和记洋行蛋厂"不仅加工鸡蛋，还宰牛等牲畜。当时一天宰牛300至350头，加工几十吨鸡蛋的蛋制品。他们强迫一个照蛋工人每天最少要照30箱，来检查出变质的鸡蛋；打蛋的工人一天要打30多箱。我被分到宰牛车间，不仅有工头盯着干活儿，还有端着枪的日本兵来回地溜达，气势汹汹地吆喝着工人，看谁不顺眼举起枪托子就砸。宰牛的活儿特别危险，饿了几天的牛发起脾气来很倔犟，当从闷罐火车皮（车厢）里往下赶牛，所有的牛使劲往后退。牛是从河北沧县、山东济南、内蒙古包头、东北三省等地征运来的。我们有的在前边使劲地牵拉，有的在后边用大木棒子轰。只要有一头牛被轰下来，别的牛就马上跟着下来。到了屠宰车间大门儿附近时，牛又全都跪下不走了，后来明白是牛闻到了同类的血腥味，感到大难临头的反应。

在宰牛车间里，四溜儿大铁架子排成四行，每行放好25个大铁盆。每一批杀100头牛。每个铁盆用来盛一头牛的血。和我一样的半大小子两个人负责一行。宰牛前由专业师傅先把牛撂倒在地上，并且用绳子牢牢捆住牛的四个蹄子。他们一个人用两手抓住牛犄角，一个人拖住牛尾巴，两人面对着同时猛力一拽，就干净利落地把牛放倒了。连续把100头牛都放倒后，请来清真寺的阿訇主刀。阿訇嘴里念着经文，用刀子非常熟练地照着牛脖子一推一拉就把一头牛杀了。我们两个童工赶紧把铁盆拖到跟前，马上抓住牛的气管、食管，尽管牛还在不停地挣扎。一旦憋着气的牛挣开人抓住的手，牛气管里的血就会喷得很高，牛胃里残留的草料也会从食管里喷涌出来，一下就会把整盆四五十斤的牛血弄脏了。日本兵会大骂着跑过来，狠狠地照我们的脸扇耳光、用脚踹。有一回，一头被杀的牤牛（公牛）惊了，挣脱了捆在蹄子上的绳子，甩动着被刀割过的头，流着血围着车间狂奔了起来没人敢拦，猛跑了十几圈撞倒了几个工人后，才筋疲力尽地倒下来。出了这个意外以后日本人特别害怕，专门请来几名阿訇念了几天的经文，说是为了去掉晦气。这种每天担惊受怕的日子实在太难熬了，可是为了能挣到养家活命的钱，我还是硬撑了半年后才辞退不干的。

“和记洋行蛋厂”里除了食品冷冻车间（把牛的心、肝、腰、舌、尾、血都分类包装好冷冻起来，把胃、肠、肺处理掉，把整张的牛皮剥下来叠好运回日本加工成熟牛皮），还有食品烘干加工车间，用烘干设备把牛肉烤熟，做成像扣子一样的牛肉干；把土豆、胡萝卜、菠菜、大米饭烘干；把酱油烘干后碾成酱油粉密封包装好。我们偷吃过烤胡萝卜，有点儿像桂花味儿，挺好吃。还想法儿偷吃牛里脊，用滚开的水在水壶里烫两次就熟了，暗地里用拿牛里脊换来的带甜味儿的酱油粉粘着吃。平均一个礼拜，小日本用装备冷冻设施的大驳船运走三四百吨冷冻蛋液制品——冷冻蛋液包装在重量15至20千克的白铁皮方桶里；还运走近五六百吨的牛肉冷冻制品，一二百吨烘干后保鲜密封的蔬菜、粮食食品。那时我们每天连续干十来个钟头，挣得的工钱不能养家糊口，很多工友下工后还得去当小工、扛河坝（给海边的货船当装卸工）、拉胶皮（人力车）。日本鬼子每天把多少咱们国家的东西强抢来变成了他们的！又经过我们的劳动，把加工好的成品运到他们国家供享受，还运到“前线”喂饱他们的军队杀害咱们中国人！

从“和记洋行蛋厂”出来，我就跑到河边扛河坝做苦力去了。从河东的大直沽、对岸河西的小刘庄开始，往西一直到法国桥（现在的解放桥）的海河两岸布满了大小码头。从河西那边说有大连码头、三北码头、招商局码头、太古码头、怡和码头、大阪码头等几个大码头；从河东这边来说有德士古裕大纱厂码头、美孚石油码头、和记洋行蛋厂码头、谦记木行码头（现在的铁路木材厂）、日本发电厂码头、仁记东栈码头、太古东码头等。码头都由脚行头儿掌控着，他们都有自己的驳船，像河东这一带的比利时租界名气大的脚行有“同立成”脚行和“通和成”脚行等。

当年扛河坝的脚夫苦力干活儿没有任何装卸机械，完全靠简陋的扳子、钩子、绳子、撬棍、扁担，照明靠电石灯的亮光——在装有电石灰的铁罐的盖子上留个小孔，放进适量的水后生成烷气从小孔里跑出来，用火柴点燃后产生的亮光照明。跟现在的现代化装卸机械、灯火通明的作业场相比，简直就是天上地下。

货船一靠岸就在船与河坝之间搭上大木跳板，脚行的领班在船舱口放好签子桶。签子是用竹子做的，有十几厘米长，方便脚夫扛麻包等东西时用手抓着，或用牙咬住。脚夫每扛一件活儿，从桶中抽取一根签子，来累计扛活儿的件数，下船后用一根签子换一个小竹牌方便放在衣袋里，收工后脚行有专人按竹牌计数并折合成工钱。脚行之间为了争脚夫扛活儿，就用铁皮做的大喇叭使劲吆喝加价：一件活儿涨一分、涨两分……谁给的钱多就给谁干，我们做苦力的常常来回奔走在各个码头之间。

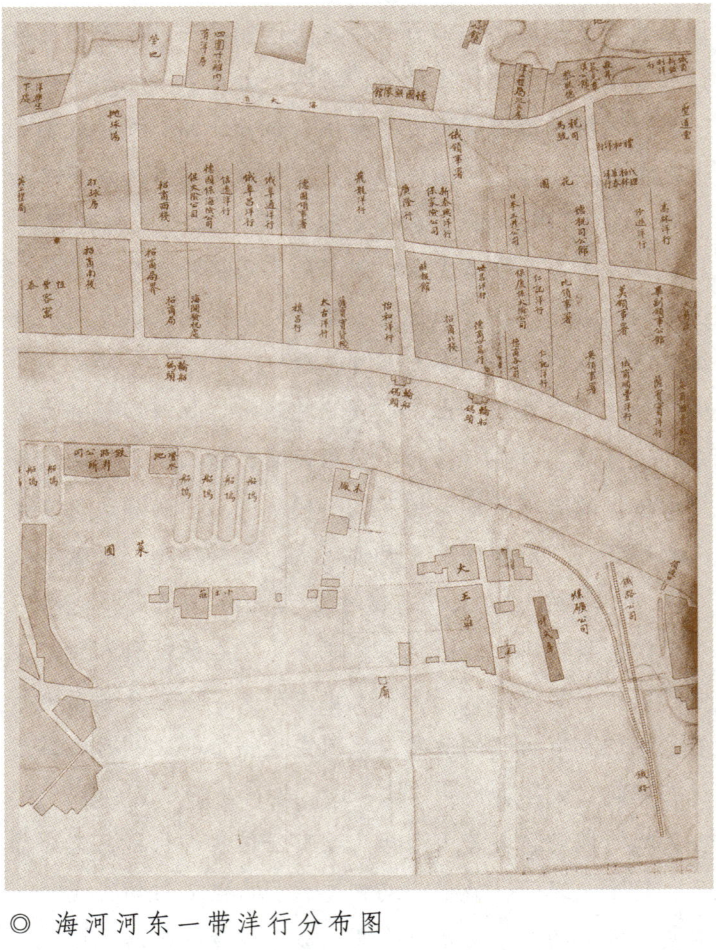

◎ 海河河东一带洋行分布图

我们大多数苦力每次得扛上一百多千克重的粮包。有的壮汉身子板硬，两袋子粮包都不在话下。扛着重载儿踩在跳板上手脚不识闲儿，颤颤悠悠的跳板随时都可能把人扔下去，被跳板甩下来受伤的脚夫可不在少数。抬大原木是最危险、最辛苦的差事，根据原木的长短决定上几副杠，一条扁担两个人抬称作“一副杠”，少则四副、八副，多则十二副、十六副。大杠头儿的体格棒、力气大，负责下链子，抬杠时走在最前边摸不着木头。紧跟着有二杠头儿、三杠头儿，分担着重要责任。每副杠的脚夫分工都特别明确，最后一个杠称作“幺锁”。走跳板时大杠头儿领着喊号子，大伙儿的步子必须一致。只要有一个人迈错了步子木头就晃荡，得马上纠正过来。要不木头晃荡劲儿大了，连人带木头全都得滚到河里。

那年夏天，卸火车苦力活儿受的罪太大了！我先到裕大纱厂（大直沽五号路和六纬路交口的棉纺一厂）码头卸过一号末（细煤末），全凭人抬肩扛到百余米以外。没有风的天儿也是暴土扬场的。干完活儿全身都黑透了，几天也洗不彻底。三伏天卸白灰、碱面儿遭的罪更是厉害。飞扬起来的白灰、碱面儿无孔不入。为了不伤害到皮肤，我穿着夹胶的外罩，套上秋衣、秋裤；脑袋上戴着面具，在风镜的镜卡儿上蒙两层头纱。出了汗绝不可以擦。白灰会把脚夫的皮肤烧坏，一擦胳膊就流油儿；碱面呛人厉害也烧皮肤，一擦皮就掉却不流血，结了痂挠破时血才流出来。人进了车厢里卸货，得长长地憋着一大口气，猛干十来分钟跑出来再喘息。有人为了降温急着喝天然冰镇的水，谁知道一个伏天过来，冰镇凉水把牙床子伤透了，万万没想到整口的牙全都被水镇坏了，掉没了。可是当时不喝冰镇的凉水，干那样的活儿人就得被热晕了。这些遭罪的事儿我不止一次跟孩子们念叨过，让他们明白我们那一代人受的苦，现在生活多么的幸福。

◎ 天津比利时租界收回典礼

新中国成立前一年的冬天，到塘沽码头扛一个月河坝的磨难实在没法儿忘掉。那一年“三九”天寒地冻，招商局雇用脚夫到塘沽的驳船上包工卸汽油桶，一百千克一个的油桶，十个整一吨。来时说包工一个月管吃管住，包工的工钱高一点儿。我只带了一条小棉被，国民党用敞篷军用汽车把我们二十几个苦力拉到塘沽。大驳船的舱里码着五层汽油桶，要先把油桶一层层地搬下来，再抬到甲板上，然后从甲板上往船下卸。五个人搭伙搬一个两百千克重的油桶，没有手套手上抓着一团棉纱，垫几层报纸。手指抓着冰凉的油桶使不上劲儿，稍不留神滑落就会把脚砸成重伤、把腿磕伤。荷枪实弹的国民党兵还不依不饶地紧催快卸。

自从来到塘沽码头做苦力的头一天起，每顿饭都是棒子（玉米）面窝头；溜锅水一样的煮白菜，里面只放了一把盐；每人一小碗咸菜，没有一点儿油腥。晚上睡在四面透风的木板房里的地板上，整宿冻得没法合眼。到外边尿尿，尿落在地上马上变成了一堆冰碴儿。有一天看见渤海湾海河口的中间，一条小火轮拖着一条驳船，烟筒里呼哧呼哧冒着蒸汽动弹不了，原来船都被冻住了。来时他们应承的吃住条件都没给兑现，可是为了多赚到一点儿工钱，我们只能忍气吞声地挨着。吃不饱、睡不好，几天下来人就被折磨得没精打采。那个月里正赶上春节，为了过年跟工头儿借钱（那时国民党的“金银券”根本不值钱），我预支了五千块钱，合算成新中国成立初期的人民币只有五角钱。买了五百块钱（即五分钱）的葱、一千块钱（即一角钱）的虾酱、一千块钱的麻酱、两千五百块钱（即两角五分钱）的大仁果儿（花生）吃了三四天，算是把这个“年”给糊弄过去了。

作为新中国成立前当过童工、卖过苦力的大直沽人，我亲身目睹、经受了旧社会辛酸困苦的磨难，更加热爱新社会。现在每天的日子像过年一样，我太知足了。我还想高高兴兴、健健康康地多活些年，亲眼看看、亲身体验咱们国家明天的好日子。

◎ 大直沽老胡同

第四章 大直沽三宗宝之『烧刀』美酒今昔

大直沽酿酒业的兴衰是一部可歌可泣、催人泪下的历史长卷。几百年来，“大直沽三宗宝‘古庙、烧刀、台子高’”的名谚铭记于天津民众的心中。清代乾隆年间，诗人崔旭在《津门百咏》的“咏大直沽”中书写出千古名句：“名酒同称大直沽，香如琥珀白如酥。南中也爱烧刀好，一斗葡萄博得无。”显然，诗人对大直沽烧刀美酒香浓质洁的品质、名闻遐迩的美誉赞不绝口。时至今日，由于“大直沽——天津城市之根”的信史逐渐被现今的人们所淡忘，人们自然对“津门酒业之根”在大直沽的历史更是知之甚少了。

几年前，一件关于大直沽烧锅老字号的品牌、商标被兄弟区抢先注册的事，曾经困扰于笔者的心间。此事即：由大直沽酿酒业的先辈、“义聚永”烧锅掌门人——刘荣斋创业，后由其长子刘香久经营的大直沽烧刀“义聚永”品牌及其“金星”商标，分别被我市的两个兄弟区非物质文化遗产部门、酿酒实业集团抢先注册为其所在区的非遗项目。不得不承认，这是河东区人在保护非物质文化遗产方面的遗憾（即便“义聚永”品牌、“金星”商标是被刘氏后人授权转让给了他人，也不能不说是河东区在非物质文化遗产保护工作上的莫大遗憾），是河东区人非物质文化遗产保护、继承意识淡薄而不得不品尝的苦果。

值得一提的是，现在大直沽唯一保留下来的“烧锅”——“天津市直沽酿酒厂”，依然在当年“义聚永”烧锅的原址上，继续酿造着“直沽”干酒、料酒等系列产品。时至今日，“直沽高粱酒”在海外的影响力依然存在。

值得欣慰的是，拥有了这份非遗知识产权的天津“义聚永”酒业酿造有限公司，于2007年6月26日建成天津首家酒文化博物馆——“义聚永酒文化博物馆”。该馆展出与“义聚永”酒庄以及天津酒文化相关的照片、文献、商标、制酒工具等，展示了天津酒文化七百年的悠久历史和“义聚永”酒庄两百多年的出口史。对于他们的努力实干精神，应该给予肯定。

至今，他们出口欧洲的产品还在使用“金星牌”商标。2006年“金星牌”还被评为中华老字号，不愧为“中华名品”荣誉称号。笔者仅以本篇文字，与热爱天津烧锅文化的父老乡亲一起，面对大直沽“烧刀”美酒及其文化发展的今昔，共同缅怀前辈留给我们的这份文化遗产。

一、天津酒业之根在大直沽

大直沽的酿酒业历史可谓源远流长。自金代（1153年，金贞元元年）定都北京，乃至元代定鼎北京，大兴海运南漕以济京师起，大直沽因其居北洋航线上海河河口港湾的最佳地理位置，就成了拱卫京师的重要军事防卫地，供给驻军粮食以及上至皇帝、王公大臣，下至贩夫走卒、城居百姓口粮的第一海上门户。以至明代中期倡兴河运的年代，京津民食的另一个重要的粮食供应地东北奉天（辽宁）牛庄镇的杂粮、豆类，也以这里为转运码头。

南北运粮的船民、南方省份的商人每年往来达数万，他们闯过激流、暗礁、险滩，历尽艰辛，携带大量北方的粮食和南方的土特产品（食糖、咖啡、槟榔、胡椒、药材、椰子油、海货、南纸、笔砚等）来到津门。酬神饮酒、拜祭天妃娘娘，就成了他们欢庆胜利、抒发喜悦之情的主要方式。元世祖至元年间（1283—1294），元政府敕建了“大直沽天妃灵慈宫”，酿酒业“烧锅”日益繁荣昌盛起来。

由于传统酿酒工艺采用“蒸馏酿酒术”，酿造酒时需要挖坑垒灶，把发酵后的粮食放到锅内，加热锅中的水达到蒸馏效应，所以人们称之为“烧锅”，烧锅酿造出的酒则称烧酒。

◎ 清末民初繁荣的天津商业街景

《天津诗钞》中，朱竹垞所撰《明诗综》载无名氏《直沽棹歌》三首，其一首曰：“天妃庙对直沽开，津鼓连船柳下催。酿酒未终舟子报，柁楼黄蝶早飞来。”其意是说，天妃宫所对的大直沽，漕船在柳下河边都挤满了；还没等新酒酿好，舟人就以黄蝶飞至卜得神仙要来吃酒。看来神仙都等不及了，可见大直沽酒的非凡诱惑力。《明诗综》所辑的诗是明代人所写，因此直沽白酒产于明代应该可信，亦为大直沽村建于明代永乐年间（1403—1424）的史实所佐证。20世纪末“大直沽天妃宫”的考古成果，为此提供了最真实的佐证。

然而，大直沽酒业的真正兴起、烧锅林立还是在清朝中叶道光（1821—1851）、咸丰（1851—1861）年间。天津与东北奉天牛庄镇海上杂粮贸易兴旺，加之粮价低、税赋轻，天津的酿酒业大兴，烧锅多达75家，大直沽就占了53家。18世纪90年代清代乾嘉年间的诗人唐芝元在《各色酒》中给直沽酒以全新的评价：“茵陈玫瑰五加皮，酒性都从药中移。还是高粱滋味厚，寒宵斟酌最相宜。”此诗可与清代嘉庆申科（1800）举人崔旭在《津门百咏》中的不朽诗句“名酒同称大直沽，香如琥珀白如酥。南中也爱烧刀好，一斗葡萄博得无”相媲美。

《天津志略》亦曾载文称20世纪初“天津烧锅最盛时多达27家，大直沽竟占16家”，又称：“天津酒业尚称发达，大直沽一带尤为最富之区，所制白干酒质高味醇，世称佳酿。”当时，酒质最优的烧锅有“三大同”和“三大丰”，即同源涌、同兴涌和同华涌与永丰玉、永丰太和永丰成，年总产量在三千三百万斤左右。除了在本地销售以外，依靠汕头帮、福建帮、广东帮、上海帮，大直沽酒运销全国各地，畅销不衰。

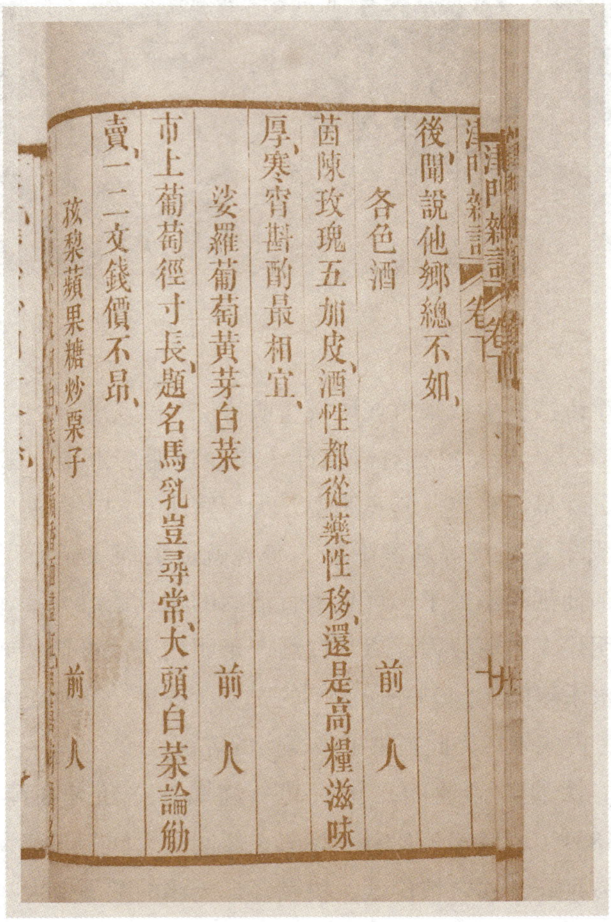
津門雜話

後聞說他鄉總不如、

各色酒　前人

茵陳玫瑰五加皮、酒性都從藥性移、還是高粱滋味厚、寒宵斟酌最相宜、

娑羅葡萄黃芽白菜　前人

市上葡萄徑寸長、題名馬乳豈尋常、大頭白菜論觔賣、一二文錢價不昂、

孩梨蘋果糖炒栗子　前人

◎《津门杂话》对改良酒的评说

随着大直沽酒品畅销，1917年8月至1923年9月间，汕头、厦门的奸商将天津原坛高粱酒拆封掺入工业用火酒勾兑，或以坛改瓶，贴上原装字号、票头、票签冒充，使天津酒业蒙受巨大损失。大直沽酒庄协同全市26家酒商，于1918年成立酒业公会。董事李耀曾为了维护津门酒业同仁的利益，明知深入汕头调查假酒事件，危险重重仍毅然前往。他在

“六十自述”中写道：“汕头假酒充斥，津酒销路几殆。余自光绪二十七年办酒捐，即充酒业董事。当此汕头事起，必须实地调查，而酒业无人前往，余奋然曰：此时关系酒业存亡，我为大局计，愿前往，于是南下。”1918年冬季李耀曾亲赴汕头调查，翌年春季再赴汕头，与有关机关协同调查假酒事件。他要求天津市总商会协助，向汕头商会、厦门商会及各机关衙署提出必须查禁假酒、严惩不法之徒，“而事稍就，酒业得转危为安”，使假冒行为得到有效控制，成功地化解了一次波及全行业的营销危机，赢得了20世纪二三十年代津门酒业畅销国内外的高峰。

◎ 大直沽考古酒坛盖、瓶

在“大直沽天妃灵慈宫”考古发掘中，发现了一件“同和源”酒庄烧制的酒坛底部印有“同和源记，严防假冒，有人假冒，男盗女娼”字迹，表明当时酒商利用人们头脑中“善有善报、恶有恶报”的因果理念作为“打假”的精神武器，这充分体现出直沽酒文化中蕴含着强烈的传统道德观念。

◎ 考古出土酒坛底镶刻打击假冒的文字

◎ 考古出土酒坛

被誉为“天津酒乡”的大直沽，成就了大直沽人从事酒业的莫大机遇。在三千余户大直沽人家中，直接或间接从事酒业的有一千五百余户，其中包括直接用烧锅酿酒的、搬运的、跑合的（负责联络、采购原材料、营销的）、扎柳糊篓的（编制柳条盛酒容器酒篓的，用毛宣纸将酒篓用猪血及稀料糊严实，篓口边缘糊得周正、结实。外面再刷上几遍猪血等稀料，确保不漏。笔者小学同窗家的附近是糊篓的作坊，尤其到了夏季距离很远就能闻到刺鼻难闻的气息）、箍甑的（柳编避免瓷质酒坛在运输中碰撞的无底的外包装）。他们的辛勤劳动、通力合作，使大直沽烧锅酒业得以兴盛发达。

◎ 20世纪30年代集贸市井柳编杂货摊

二、大直沽酒文化的灵魂是优质、货真价实

大直沽酒之所以誉满中外，首先在于早年大直沽独特的地貌——周边完全被连接海河的小河、湖泊所环绕（参见“大直沽古貌草图”）。当年的海河河水多半来自于南运河（御河），河水甘洌可口，经过沉淀水质更加清醇。加之位于大直沽东南、西南、东北、西北的四个大水坑，即东大坑、官盐院大坑、窦家大坑、薛家大坑（东大坑、薛家大坑是笔者儿时经常玩耍的去处。东大坑及周边地域乃是梁氏家族的祖产，抗美援朝时期捐献给了国家）深及地泉，大旱之年也不干涸。大直沽烧锅都是傍于小河边、坑湖边而建。笔者记得，20世纪50年代初，大直沽高台儿以下都是开阔的庄稼地，田园风光一览无余。乡民四季时常因生活之需在小河边、坑边淘洗东西，加之周边乡民常在坑湖、河边散养家禽、给牛马畜力饮水，对坑河水质造成了一定的影响。所以烧锅酿酒不

直接取用河渠、坑塘的水。各家烧锅都在自家院内打一两口水井，井水充盈、取之不竭。在每口井边都要栽种一棵古树护住井口，因此大直沽的烧锅都各有绰号，如“大柳树同丰永”“大榆树义聚永”“大槐树同兴涌”……老井、古树确保了酿酒水源的洁净，维系了大直沽酒文化的根脉。当年人们传说：使用纯净甘洌的井水酿酒，大直沽高粱酒口烈而性柔、醇香清冽，一是因为酿酒的水甜，二是因为酿酒时汲取了护井古树的绿荫叶香。这应当是使大直沽烧刀品质更胜一筹的得天独厚的优势吧。

酿酒的另一种原材料是酒曲，每家烧锅都有几十口乃至几百口的大缸用来发酵酒曲，都选用优质的高粱、芒大麦、小麦和豌豆为原料。由于各家常有酒曲液溢出缸外，流到小河、大坑里及其周边，渗入土地中，常年周而复始，使得小河、坑中的水质得到了很大的改善，再使用这样水系的井水酿制的白酒自然甘醇无比，长久保存则更加清香、甘甜。

大直沽酒的酿造工艺十分考究，主要原料选用颗粒饱满的上等红高粱，历经选料、前净、后净、采曲、发酵、加气，到头淋、二淋、三淋等九道工序，每道工序都严格把控。烧酒的酿制不仅需要工人付出巨大的体力、汗水，更需要酿酒技师的技术、经验。因为在没有先进设备、检验仪器的条件下，酒的质量完全凭借技师掌控各个生产环节火候的过硬本领。掌管烧酒质量关键的有两位技师，一位掌控入池投料发酵，称为大技师；另一位掌管装甑蒸馏出酒，称为二技师。两位技师拿捏每个技术细节游刃有余。

酿制烧酒，要把地灶铁锅中的水烧到滚开，在锅上盖好密眼竹编的箅子，然后将一个桶状容器（业内称之为“甑”）套装在铁锅上方；用酒糟把甑桶与铁锅的锅沿周边糊严实了，使之结合得非常紧密，不允许有漏气的地方，为的是不让蒸汽跑漏掉一丁点儿。因为冷凝后的蒸汽就是烧酒，所以说跑了蒸汽就是跑了烧酒。负责装甑的师傅一边向甑桶中轻轻抛撒发酵好的酿酒原料，一边观察蒸汽与原料之间的反应，既不能让酿酒原料压住蒸汽，也不能让蒸汽将酿酒原料很快托上来。在甑中加满酿酒原料后，用带有可流通蒸汽管道的大盖子将甑桶盖儿盖严实，然后上面放置一口冷凝用的水锅。小伙计用工具不停地搅拌井水，当井水温度升高后，及时把热水换掉，重新置入井水继续搅拌。在搅拌过程中，水锅可起到对酒蒸汽的冷凝作用，使得酒蒸汽凝结成热乎乎的滴滴烧酒，通过甑上方盖子的管道淌到甑的下方，再从设置好的出酒管孔中涓涓流出。

烧酒酿制出以后装坛，锡盖儿加封深埋地下，即是将烧酒灌入酒坛中，密封之后埋入地下，一至三年后再上市。各家酒庄都严格恪守这项行规。

三、与时俱进的大直沽酒业

早年大直沽的酒，以高粱白酒最为上乘，度数偏高，价格偏贵。中药铺以这样的白酒炮制的药酒效力明显。由于并不适应一般收入人群经常饮用的需求，为了广大消费者日常保健的需要以及南洋华侨抵御风湿的需求，根据活跃在津门的潮州帮、福建帮、广东帮（俗称“三帮”）商人的建议，大直沽各家烧锅积极改革传统工艺，降低了酒的度数，改进了药酒炮制方法，以白干酒为原浆酒，与其他材料配伍，再制成白酒新品种玫瑰露、五加皮、状元红等再制酒，成为中外驰名的新大直沽酒产品。

采用香花奇草入酒，我国早在殷商时代就已经开始。大直沽烧锅酿酒选用玫瑰花始于清代，其用料是白干酒40斤，配以优质鲜玫瑰花20斤，经过蒸馏制成“玫瑰母”，进而用高粱白干酒兑以“玫瑰母”、适量白糖，即成为玫瑰露酒。人们用“色媚如梅，清香凝玉，香露四射，芳氲不绝”16个字赞美玫瑰露酒，恰如其分。此种露酒乙醇含量低，表面酒度数为41度，甘甜柔润不易醉人，具有活血理气之功效。南方人在制作腊味食品时加些玫瑰露酒，口感更佳。浙江金华产的著名“蒋雪舫”火腿，离不开大直沽玫瑰露做其辅料。

五加皮酒的主料同高粱白酒，加入五加皮等十六七种中药，泡在酒缸中封存数月，使中药成分在白酒中得以充分溶解，之后加入炮制好的红曲、糖浆、玉竹的黏液混合制成，其表面酒度数为39度。五加皮酒具有开胸顺气、消食开胃、舒筋活血、除湿祛瘴的功效。

状元红原名“红酒”，据传是明代中州金家首创，且酿制的质量最佳。之后金家之子考中了状元，所以改称红酒为“状元红”。以后又经过御医研究，在状元红酒中加入人参、当归等名贵中药三十余味，遂成皇家珍馐良酒。乾隆皇帝常饮此酒，收到益寿之效，对其予以封赏，所以“状元红酒”一时驰名天下。当大直沽酒庄技师得到状元红酒的配制秘方后，减去其中“栀子”一味中药，又增加了红曲的比重，酿成具有大直沽特色的“状元红酒”。常饮此酒可以补气养血、健胃强身、祛风止痛。又因其色泽鲜艳，故在寿诞日、年节宴请时饮用“状元红酒”，更加显示出吉祥欢快的气氛。

如上新品不但赢得了南洋地区消费者的青睐，而且赢得了山东、江苏、上海、福建、广东、台湾等地消费者青睐，并远销到了欧美各国，大直沽酒名声大噪。清朝末年，国内市场年销量达七百多万斤、国外市场年销量达三百多万斤，仍然远远满足不了市场供需。于是，南洋各地商人争相来到大直沽，聘请酿酒技师到当地建设烧锅生产大直沽酒。同时，大直沽各家烧锅则先后派人到香港、新加坡开设酒庄，设立天津酒商办事处。他们运用广告宣传至家喻户晓，“天津的酒乡大直沽”的美誉在国内外唱响。

1840年鸦片战争之后，各国列强入侵，签订了一系列不平等条约，各国洋酒充斥我国市场，而大直沽酒始终以其质优价廉与洋酒抗衡，不但赢得了市场，而且走出了国门。大直沽烧锅和津门酒业的同仁以顽强不屈的精神坚守着民族品牌和市场。

1914年，日本商人来到大直沽，邀请七位一流的酿酒技师到神户，不但传授酿酒技术，而且实地酿造大直沽酒，为期三年，后又续期三年。大直沽酒的酿造技术东渡扶桑，扎根异域，成为津门酿酒业的佳话。

四、“义聚永”烧锅及乡贤刘氏父子

由乡贤刘荣斋（名刘鑫，字荣斋）于1901年创建的“义聚永”烧锅，在大直沽六号路南头的海河岸边创业，至今已有一百三十余年历史了。“义聚永”已被国家认定为中华老字号，由刘香久（刘荣斋之子）注册的“金星牌”商标也已有一百一十余年。“义聚永”字号、“金星牌”商标及其白酒酿制技术已经被批准为“天津市非物质文化遗产”。显然，创新改革的开放年代，人们对于继承优秀传统文化的思想意识也在飞速发展。大直沽“义聚永”的金字招牌、“金星牌”老商标正在被世人所关注、珍视。

“义聚永”烧锅后来移建在大直沽前街的东头儿，毗邻“闽粤义地”（俗称南蛮子坟地）的北侧。老东家刘荣斋经过几十年的艰辛奋斗，使“义聚永”烧锅的规模和实力得到很大的提升，发展势头迅猛。老东家善于结交社会名流、盐商友人。当年，他与潮州帮、汕头帮、上海帮结交甚多，在酿酒工艺上把守选料，恪守传统技艺、酿酒技法，确保了白酒品质的醇正。“义聚永”烧锅的名气在行业内获得赞誉，在社会上的影响也愈加突出，远远超出了其他烧锅的声望。

◎ “义聚永”酒庄刘香久先生

1920年前后，年事已高的老东家把在外学生意的儿子刘香久（1884—1946，名桂森，字香久）唤回大直沽，倾诉了让儿子继承家业的心愿。老人对儿子的品德、学问、能力有充分的了解，认为刘香久有能力把烧锅事业继承发展下去，了却自己对烧锅的所有牵挂。

刘香久幼年在家读私塾，16岁时到商贾云集的估衣街“敦庆隆”绸缎庄学生意。自幼好学求新、不安于现状的少东家刘香久，20岁时经人介绍走出津门，到营口一家英国洋行见习，后任职员。由于聪颖好学、宽厚待人，几年后他被提升为业务主办。

乡贤刘香久返回家乡接任“义聚永”经理后，不满足于守护家业，开始运用多年学会的掌控买卖的技能和金融方面的知识，思考创新发展“义聚永”的新思路。他首先维护、拓展了父亲开创的商圈人脉，拜访商业名流，征求客户意见，调查市场需求，立志做天津酿酒业的领军者。他四处高薪聘请名师高徒，不断完善烧锅流程和管理制度。在传统玫瑰露、五加皮、状元红、茵陈露等改制白酒的基础上，他又研制出史国公、莲花露、佛手露、木瓜露、白玫瑰露等新品种，适应了南洋华人的口味需求。“义聚永”的生产规模、产量和质量突飞猛进，进入了一个辉煌发展的新阶段。

受到在营口所学营销策略的启发，刘香久认为，要把“义聚永”酒庄的产品发展为有规模、有市场的成熟产品，就必须确立自己的商标。在深思熟虑之后，他确定以“金星”为商标，不但在国内注册，还在国外注册了英文“金星”商标。

20世纪20年代初，大直沽酒虽然在国际市场上有相当地位，但实际经营权都操纵在广州、福建、汕头“三帮”客商手中。“三帮”客商擅自压低收购价格，谋取高额利润。为了取得经营的主动权，刘香久在产品品种、价格、包装、运输等方面采取新的策略，想方设法摆脱合作转销的“三帮”的刁难。而且刘香久断然决定，亲自赴香港、新加坡开拓直销渠道。他拜会当地华侨中的知名人士，请他们鉴评大直沽酒的质量，并且打出广告进行宣传。此举有效地激发了侨胞的爱国热情，大家纷纷设点助售，极大地促进了大直沽酒在国内外市场营销渠道的畅通。享誉海外的“义聚永”得到当地酒业名流的认可。新加坡《星岛日报》头版头条以《天津酒业巨子刘香久到星》为题进行了报道。

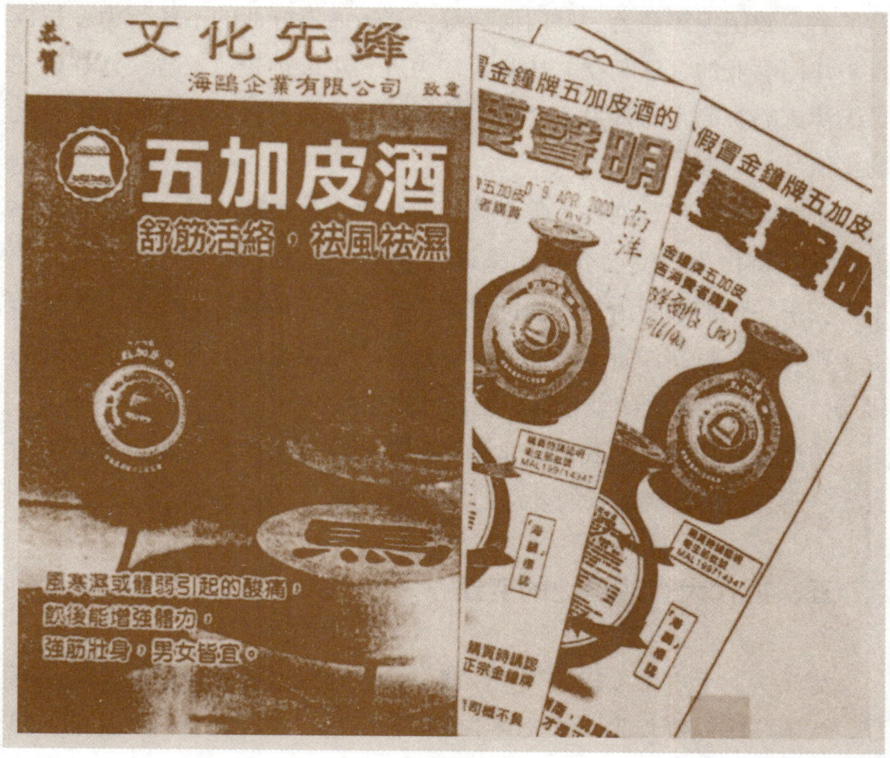

◎ 各大报纸刊登大直沽酒广告

一花独放不是春，百花齐放春满园。在乡贤刘香久的感召下，不久，“义聚成”烧锅、“义丰永”烧锅的经理相继上任，津门酿酒业内具有实力的经理纷纷参与到白酒销售队伍之中。由于，还派出酿酒技师传授技艺，大直沽制酒工艺誉满南洋。之后，刘香久经理逐渐打开了“大直沽干酒”及其再制酒的销路，产品销往东南亚的新加坡、曼谷、雅加达、槟榔岛、马六甲、山达根等地之后，进一步销到了美国的檀香山、旧金山，加拿大的渥太华，以及英国、法国、日本、德国等数十个国家和地区。一位法籍华人提供的资料中说：“第一次世界大战中，负伤的法国校级军官疗养期间，才有幸配发给一杯‘直沽老白干’饮用。”显然，大直沽酒成了“一带一路”“海上丝绸之路”之上天津品牌走向世界的中国的骄傲。

随着产品的顺畅直销，仿冒“义聚永”和津门美酒的假酒及其假商标、标签在国外和国内甚嚣尘上。刘香久联合津门酒商，以天津酒业工会的名义致函天津商会、厦门商会等，严厉谴责奸商的不法行为，积极维护津门酒业的合法利益。1931年，为进一步维护企业权益，刘香久在《天津志略》第十八部发表《声明假冒》的打假公告，并且配发了个人的头像。

年轻有为的乡贤刘香久善于接受新事物、琢磨新问题。1923年的一天，他接待由天津商会介绍而来调查天津实业的十余名南开大学的学生。在引领他们参观酿制白酒的过程中，他耐心地解答问题，并告诫学生实业救国、抵制洋货和崇尚国货，还虚心地接受大学生对烧锅发展的建议，这充分地体现出他超前、创新的思想意识。

作为大直沽后人的我们，永远不会忘记大直沽各行各业为了家乡的人文、历史谱写光辉篇章的乡贤们的不朽业绩。

五、近代大直沽酒业的变迁

清光绪二十六年（1900），大直沽酒业遭受了沉重的打击。是年五月，八国联军入侵天津，“大直沽东西皆战场”。《大直沽救乱记》碑中记载：“洋兵入村，沿户纵火，村民之居守殉难者二百有余，延烧月余，村之房屋尽为焦土，而洋兵亦逐据此以自固……”“义聚永”“义丰永”“永祥顺”等14家烧锅均遭劫掠，元气大伤。之后，大直沽多半个村子被比利时强占为租界（1931年初交还中国）。大直沽人为了生存和振兴大直沽酒业，每月被迫向比利时缴纳五十两白银捐税，使得大直沽烧锅的命运沉浮难测。光绪二十三年（1907）至宣统二年（1910）间，包括大直沽烧锅在内的酒厂依年递减为42家、39家、22家、3家，民族工业随内忧外患历尽艰辛。

自20世纪三四十年代开始，由于日本帝国主义的入侵和国民党反动派的腐败，华北农业和工业萧条，大直沽各个酒厂相继破产。1937年日寇入侵天津，大直沽的不少烧锅相继倒闭。太平洋战争爆发后，日本侵略者实行海上禁运，给大直沽各大烧锅以致命打击，连实力最为雄厚的“义聚永”“义丰永”也未能幸免。以“义聚永”为例，整船运出的酒杳无音讯，巨额货款无法收回，致使经营基本停滞，造成大量成品、半成品和原料、辅料积压，酒厂债台高筑，濒临倒闭。昔日繁荣兴盛的民族工业迅速毁于日本帝国主义之手。一部大直沽酒业的兴衰史，折射出近代中华民族遭受列强欺辱的历史，浸透着帝国主义的罪恶与残酷。

20世纪50年代初，市政府对仅存的九家规模不大的酒厂予以扶持，其中以大直沽“义聚永”为重点，由市酒业专卖公司统购统销，将“直沽老白干”改名为“直沽干酒”，在“华北物资交流展览会”上亮相，“直沽干酒”与“山西汾酒”并列为华北名酒。

不久，市政府投资把全市九家酒厂合并起来，在红桥区丁字沽与西沽交界处建立了“天津酿酒厂”，产品以“直沽高粱酒”品牌问世。“文革”以前，笔者有一次从大直沽乘公交车到丁字沽，车到终点时见到一家工厂的牌匾上写着“天津酿酒厂”，竟然看到从厂里拉出的一箱箱瓶装的产品上，深绿底色的商标上印有黑色字迹的“直沽高粱酒”，感到十分亲切。我莫名其妙地自问，难道大直沽的“直沽高粱酒”转产到了这里？

酿酒业的行家们一致认为，“直沽高粱酒”仍然具有“直沽老白干”醇厚、甘美的味道。它就是一直到“文革”之前的六十多年里天津人一直津津乐道的家乡白酒。然而，“文革”期间，天津白酒的生产垮了下来，外地白酒“横行”于天津的市场上、餐桌上，天津人竟然喝不到自己家乡出产的白酒了。在“文革”之后全国酒业的评比活动中，山西汾酒已然成了全国知名品牌，名次仅次于“茅台”，天津的白酒却名落孙山，这怎能不令津门白酒业内人士痛心疾首呢？

20世纪80年代后期，在市委市政府改革方针的推动下，“天津酿酒厂”奋发图强，进行科技创新，推出了新一代天津白酒品牌——“津酒”，久违了的津沽白酒又回到了天津人身边。“津酒”色泽透明、浓郁醇香，迅速出现在各种喜庆活动和节日餐桌上，在市场上赢得了商机，宣告了源于大直沽的天津白酒打了一次翻身仗。至此，“津酒”系列产品很快推向全国，走向海外，销量逐年翻番，供不应求。2016年，已经发展得规模庞大的“天津津酒集团”，传承着津门七百余年酿酒历史文化和工艺精髓，再次显示出把“津酒”做强做大的气魄，打造出了气势磅礴的“中国津酒”大众型、出口型、至尊藏品型、定制型等全新产品系列，把“津酒”从地方品牌做成区域型的大品牌，使新一代品牌产品与天津国际大都市的形象一起振翅九霄、鹏程万里。

现在，在当年大直沽“义聚永”酒厂的旧址上，“天津直沽酿酒厂”旧貌依然，并与日本“王”酿造株式会社于1988年合作兴办了“天津直沽酿造有限公司”；1993年再次合资建立了“天津日之出酿造有限公司”，主要生产、出口日本清酒；目前已经形成白酒、日本料理酒、清酒三大系列产品，并于1999年通过ISO9001质量管理体系认证，年总产量一万多吨。每天，人们依然可以看到“天津直沽酿酒厂”的门前，汽车将一批批酿造好的白酒、清酒、料理酒成品运送出厂，销往国内外。笔者虽然已经从大直沽迁出几年，但依然时常回到故土走走看看。如今，在“天津直沽酿酒厂”的陈旧厂房内，仍可见到工人师傅们忙碌不停的身影。那些经验丰富的老师傅，他们不仅是兢兢业业地把酿酒技艺传授给年轻一代，更是在不懈努力地把大直沽“烧刀”美酒的文化传承下去，继续谱写“大直沽酒”的新篇章。

第五章 大直沽民俗故事漫谈

一、体验"端午""中秋"食文化

1. 端午节粽子技艺

天津人熟知的"端午节符号"是赛龙舟、吃粽子、插艾蒿、戴长命缕、戴老虎奋拉等。几百年来，这些活动是为纪念春秋战国时期爱国诗人屈原投江壮举的情感方式，也是在仲夏之际驱虫避瘟、祈福平安的生活方式。

端午节亦称端阳节，自从被国家法定为民族传统节日后，诸多专家学者对端午文化的回归与弘扬提出了很

◎ 粽子作坊门前

多精辟的见解。他们希望以此唤起人们（特别是年轻一代）对民族传统节日的情感意识，对寓于端午节中的民族文化元素的传承意识，绝不仅仅是赛赛龙舟、吃些粽子、乐呵玩玩而已。

笔者每当回忆起童年的端午节，便会浮想联翩。我家住在“大直沽天妃宫”附近，祭祀天妃娘娘的庆典活动恰逢农历五月初一至初五之间。大直沽宫前繁花似锦、热闹非凡的景象，至今历历在目，特别对儿时学习包粽子的情景记忆犹新。

每当端午节之际，我家附近的一家百年糕点老店“权利香”，都要在店门前放上两口盛装半缸凉水的大荷花缸，把刚包好的粽子暂时放在里面。在每口缸沿儿边支上长条形的木案板，上边坐着一位扎着白围裙的店铺伙计，十分娴熟地包粽子，围观的人们赞不绝口。

天津传统粽子的材料，不外乎粽子皮、江米和馅料。粽子皮一般是芦苇叶，馅料是红小豆馅或小枣。当年，“权利香”是大直沽仅有的一家前店后厂的汉民糕点店，经营各种四季应时点心，诸如端午粽子、中秋月饼、元宵汤圆，享誉津门七十二沽。

在木案板上放着折叠好的一沓沓（每两张、宽五六厘米的芦苇叶折成一沓儿）粽子叶、裁成适当长短的细绳、泡好的江米和馅料。店伙计可以随手拿到身边包粽子的原材料。他们熟练地掀开一沓粽叶，两只手一翻转，迅速叠成斗状小兜；然后在兜内适量放进江米和馅料（江米过多，煮熟后会涨溢出。一般豆馅占三分之一容量；红枣不泡，洗净放入三颗即可）；再用右手的五指托住（拇指、食指掐住粽坯两侧），左手顺势把粽叶叠裹成三棱锥状（四个角立体状才是粽子模样）；接着右手拿起细绳的一头儿用牙咬住，用这只手抻直细绳的另一头儿，同时紧绕粽子一周；最后用抻紧细绳的右手，贴着粽子别成个扣儿，继而系上个活结儿且系牢。包一个粽子，前后只需十余秒。把粽坯扔到缸里，接着又抄起一沓粽叶。看着店铺伙计如此迅捷、反复地操作，我心里不仅佩服，更跃跃欲试。回到家中，我便主动向母亲要求帮忙包粽子。六十多年来我是家中包粽子的主力，就是当年这么看会的。

端午粽子作为时令美食，其饮食文化之内涵确实大有学问。笔者把包粽子前后选备料的方法、手法和煮制要领等细节详细介绍一番。

主料江米（糯米）一般选择北方圆颗粒状的米，比长颗粒状的米黏度好。江米提前浸泡在水里不少于12小时，其间不宜反复搅动。

辅料有粽叶、豆沙、小枣。先说粽叶，天津应时芦苇叶子的叶面较宽的太少，苇叶的宽度不能窄于成人中指长的一半（5厘米左右）。粽叶买回来洗净，置于冷水锅内烧开后，煮烫不少于15分钟，去掉芦苇叶子的青荇味儿。每两片叶子于根部三分之二处折叠成一沓，折痕要按实。虽然把粽叶叠成沓稍费时间，但会给后续操作带来便利，可以说是包粽子手法的一个窍门。

开始包粽子时，打开一沓粽叶，双手向上托平，使折痕垂直于胸前。然后双手翻转而成的兜状十分对称。这不但便于投放江米、辅料，而且易于折叠粽叶，使粽坯呈三棱锥形。对于包粽子能手，绕绳系结时，只需用20厘米长的线绳绕一周。根据个人能力，把线绳剪成适当长短，用水浸湿置于方便处备用。

豆馅自己加工过于麻烦，超市有售小包装的成品豆馅。豆馅搓成条状，再切成适当大小的块状备用。天津人习惯把煮豆馅称为糗豆馅。如果是自己糗豆馅，要先把红小豆洗净置于锅中，待小豆煮开花捞出；再熬红糖时锅底放微量的水，把红糖浸开即可；中火加热红糖化开后，不停地搅动直至烧开，糖浆在锅中起泡，咕嘟咕嘟地响；熬两三分钟左右，把开花的红小豆倒入继续煮沸，需要不停地搅动，否则豆馅糊了影响口感；在糖浆的包容下，豆馅呈稀粥状，再煮十余分钟关火；待豆馅温度降低到恰到好处时，便呈黏稠凝固状。

天津人包粽子，爱选河北乐陵的金丝小枣，枣核小糖分高。在阳光下掰开枣子，可见枣肉呈金丝状。小枣不必用水泡，洗净备用即可。

用高压锅煮粽子时，粽坯不宜放得过满，水量没过粽坯即可。当高压气阀响声出现后，再煮30分钟即可。若用一般锅煮，粽坯应摆放整齐以使之受热均匀，煮两个小时即可。

“权利香”松软、可口的“炉粽子” 尤其受到老年人的青睐。其加工如同做糕点白皮儿一样，馅料为豆沙、枣泥，先做成粽子的形状，再放到烘炉中烤制。

记得女儿在其工作一年后的端午节，把家中的粽子带到单位送给同事们吃。小姐妹们品尝后七嘴八舌、调皮地问：“快说！快说！咱爸是怎么做的？”“这么好吃又好看，咱爸到底是怎么包的？”让我感到又可笑又欣慰。是啊，在传统节日之际，不仅要让孩子们品尝到传统节日美食的味道，更要让他们感受、学习到关于传统饮食文化的知识，后者与前者一样十分必要。

2. 自制烘炉烤月饼

最典型的“中秋节符号”非月饼莫属，月饼是中秋节的上乘美食佳肴。自古以来，各族人民赋予中秋月饼饮食文化的内涵，远远超过它给予人们的口腹之需。阖家赏明月、食月饼的时刻，寄托了中华儿女对家庭团圆、生活幸福、姻缘美满的祝福和祈盼。

20世纪50年代，我家住在大直沽中街22号，对门是“桂芳斋”回民糕点店。中秋节来临之际，迈进前店后厂的糕点店大门，烘烤月饼的浓香气息扑面而来。传统月饼有提江、麻饼、白果、五仁、豆沙、红果等馅料。不但有一斤六块的、四块的，还有几斤一块的大号月饼。月饼上面花好月圆、嫦娥奔月、喜鹊登枝等喜庆图案琳琅满目、美不胜收，烘烤后晶亮剔透的酱红色使人垂涎欲滴。我经常趁店铺大掌柜不注意时，遛到店铺后边的烘烤作坊工作间，除了好奇地观看师傅们的操作，更是喜欢闻从烘炉里散发出来的月饼气味，时常被担心烫着我的师傅们赶出来。

◎ 20世纪初中秋时节繁华闹市

记得儿时，大多数人家都是自制月饼，糕点店的月饼只是一般经济条件家庭的点缀品。人口多的人家能够买上二三斤，每人分上一块、半块就不算少了。当年，母亲烙的家常月饼，虽然做不出糕点店的味道，可是依然香甜可口，给家庭的节日气氛更添一丝温馨，几十年来都无法忘掉。她老人家每逢中秋节来临前都早早准备好红、白糖，青、红丝（副食店专售的染了绿色、红色，煨了白糖的橘子皮细丝）和桂花酱等。像烙家常饼一样，放油起层做好面剂子，然后擀成圆片裹上馅料做成月饼面坯。把面坯放到月饼模子（家庭一般多用红绛泥烧制，里边有月宫、玉兔图案）里按压，再放到炙炉或铛上烙制。母亲总是一锅一锅、不厌其烦地烙出不同馅料的家常月饼。我最喜欢的是甜咸馅的——把花椒放在锅内煲焦后捻成粉状，再拌入炒熟了的面粉中，同时放进适量的白糖、细盐。讲究一些则拌入适量炼好的板油，吃的时候才不会被干面粉馅料呛着或从口里喷出。甜咸馅月饼口感既甜又咸，伴有花椒的清香。

1985年中秋节前，我把自制小烘炉的设想落实到了生活中，这个想法源自于儿时见到的烧饼铺烤炉的原理。我先找来一个废旧搪瓷脸盆，把底部中心剪去一个和炉口（煤球炉、蜂窝煤炉或煤气灶）大小相当的洞，然后沿脸盆洞口的边缘每隔一厘米剪开一厘米左右深的小口，并使之向盆内的方向撬起来（防止烤制的月饼坯接触到炉火）。另外还购置了一个和搪瓷脸盆的盆口大小相当的铸铁铛，使之恰好卧在搪瓷脸盆的盆口，以控制炉火，使之不易发散，保证烘烤月饼时有足够的温度。因为每烘烤一炉月饼需要翻动三到五次，所以给铛按上一副提手，以便于搬上搬下。这样简易小烘炉就做成功了。

烤制月饼时，把小烘炉置于炉火之上，待铛热了以后涂上薄薄一层食用油，把做好的月饼坯放在铛上烙一会儿，然后翻动一次再烙一会儿，月饼坯就可以立起个儿来了。把月饼坯放入搪瓷盆内侧的四周烘烤。此时把第二炉月饼坯放到铛上。当再翻动铛上的月饼坯后，马上翻动烘炉内的月饼坯。如果炉火掌握得好，只需再烘烤一会儿，第一炉月饼就烤熟了。然后，把第二炉月饼坯放进烘炉内。而后，把第三炉月饼坯放到铛上，如此往复。简易小烤炉烤制的家常月饼，不但更酥香可口，而且存放的时间长。

二、“大直沽宫前”腊月迎春印记

1. 宫前年货市场叫卖春联

天津人俗称春联为“对联”“对子”，卖对子的人家吆喝时又简化成儿化音的“对儿”，亲切感人、铿锵有力。我卖对子的经历是从上小学一年级寒假开始的。

当年，天津腊月的气温比现在可低多了，泥土路冻得又宽又长的大裂痕处处可见。回想起凛冽的寒风中在街上站摊儿，虽然穿着厚厚的棉衣裤、戴着大棉帽子，被凛冽的寒风打透的滋味依然令人毛骨悚然。嘴前围巾上结满了冰碴儿、眉毛上挂满了白霜、揣在棉手套中的十指冻得弯曲不得、大棉靴中的双脚被冻得麻木的感觉记忆犹新。身体遭受的煎熬固然记忆深刻，内心深处的苦楚则更是难以忘怀。

摆摊卖春联的第一年，父亲担心我不能胜任，特别邀来了我的叔伯兄广贤帮着站摊儿。叔伯兄长我三岁，有了他确实增添了我不小的底气。由于年幼，不情愿在街上挨冷受冻的心情是很自然的，然而内心最不可逾越的心理障碍是碰到同学时的尴尬。我生怕被同学们看笑话、瞧不起，这种窘迫的自卑感一直伴随着我度过了腊月的每一天。一旦远远地见到同学走过来，我便赶紧告诉叔伯兄，马上钻到用八仙桌子搭起的摊位底下藏起来。虽然八仙桌子的四周被垂挂的春联遮挡着，可我还是经常被同学发现。每到这时，我总觉着脸上红一阵白一阵的，别提多难受了。这种感觉到第二年腊月以后才慢慢地消失。

那一年，父母已经有我们五个子女了。那时，二老在大直沽天妃灵慈宫山门口西侧坐北面南的第二间门脸房经营鞋帽小店。当年，宫前街的鞋帽店有三家，还有四家绱鞋作坊，鞋业生意竞争激烈，收入微薄。随着年岁的增长，我才逐渐明白了当年父母养育我们的艰辛，理解了他们为什么态度那么坚决地让我在寒冬腊月的街上叫卖春联。

父亲从小家境贫寒，在开明的乡贤赵佩恒先生创办的、专门对贫困子弟免费开放的“慈善小学”（位于大直沽义和街的东口，新中国成立后改名为“义和街小学”）上学，由于刻苦努力，只用两年半的时间就高小毕业（相当于小学毕业）了。父亲天资聪慧、勤奋好学，不仅擅长书法，还爱好绘画，成就了他在成家立业之后以写春联为第二职业的资本。

◎ 20世纪30年代娘娘宫里的年货摊位

20世纪50年代末，大直沽天妃宫前街的年货市场一派繁华热闹的景象。那熙熙攘攘置办年货的男女老少的嬉笑声，与推销年货的小贩们火爆的叫卖声融汇在一起，喜气洋洋、热气腾腾的，给腊月的“冬三九”平添了几分热度。经过磨炼的自己，很快地融入到年货市场火热的叫卖队伍之中。我学着大哥哥们的样子，壮大了胆子，叫卖声从小到大，从只有声到有声又有韵、有模有样地吆喝起来：“对儿、帖！两毛一套嘞！”“抬头见喜、出门见喜、大小福字帖去吧！”“大门对儿（贴在大院门口的春联）帖，便宜啦！”一句接一句不停地叫卖，期望招揽来更多的生意，为父母多挣些置办年货的钱。

三年自然灾害期间，物资匮乏惊人。为了买到大红纸，我不知走遍了市内多少大街小巷。除了河东区熟知的百货店、文具店之外，我经常徒步到河西区灰堆、南开区小捎口、红桥区河北大街的西头和河北区中山路的北宁公园。一直到1966年的“文革”岁月，在每年的春秋两季，我都要把这些地方卖纸的店铺周游一遍。一次，我在和平路上的天祥商场（已与劝业场合并）一楼专卖纸张的商店发现了质量上乘的大红纸，只可惜每人限购两张。我担心纸很快被卖光，当天晚上就带着弟弟妹妹们去买。我们一会儿摘了帽子进去买一次，一会儿又围上围脖、头巾进去买一次，然后又脱掉棉衣再进去买一次。老售货员对我们这个“套购团”又气又笑地说：“孩子们，快点儿穿上棉袄别冻着了，早就认出你们了！”好心的售货员问明了缘由，又多卖给我们两张大红纸，才把我们劝回了家。

上中学时，卖春联的经历还给我的入团道路增添过一段插曲。当时，我和介绍人谈心时，讲出了卖春联的过往，团支部为此还专门组织了讨论。有人认为，卖春联存在小资产阶级思想，含有剥削的思想意识，需要正确认识；也有人认为，卖春联是国家允许的，按章纳了税是合法的，是为了解决家庭生活困难，自食其力不是错误。经表决，后者的意见占了多数，不久我入团的愿望终于实现了。

现在，回想起母亲为了使我站摊儿时少受冻，专门点了个煤球炉子，并亲自搬到我的跟前，她一再嘱咐道：“好孩子，多烤烤手，别冻坏了。”每每想到这些时，我的心里就充满了温暖。这样，经常来陪伴我的弟弟妹妹们也少挨了冻。记得三年自然灾害期间，临近春节最忙的一天中午，弟弟妹妹们把开水、窝头、咸菜和妈妈特意给我买的咸马口鱼送来。我们一起分享烤得香脆的窝头和咸马口鱼时，心里别提多满足、多高兴了。

少年时期，家境虽然艰苦，但是经过风雨磨炼的我们和父母之间的骨肉深情，永远是那么厚重和真诚。愿把我们人生难忘的记忆分享给晚辈们，希望他们能够体悟到其中的情和理，用聪明才智和辛勤汗水谱写出自己的美好人生。

2. 年画“福禄寿三星”的重现

“福禄寿三星”是从我记事起，父亲每到腊月时必画的一幅喜气又祥和的年画。老人们一见到这幅红彤彤的年画便笑逐颜开、爱不释手。年画不但给红火的春节带来吉祥欢乐的气氛，而且还充分展示出华夏文化在辞旧迎新时刻的特殊魅力。画面整体既是个硕大的“福”字，又融入了福、禄、寿的字义及其含义，既具象又抽象。

遗憾的是，父亲1983年患病后，就再也没能拿起画笔。之前，谁也没有想到过珍藏一幅父亲的“福禄寿三星”图。如今，父母相继离开我们十几年了，每当新春佳节到来之际，回想起父母养育我们七个儿女的艰辛岁月时，就追思起这幅年画和关于它的故事。

退休后，我想尽早地把心中的年画“福禄寿三星”复原出来。我一

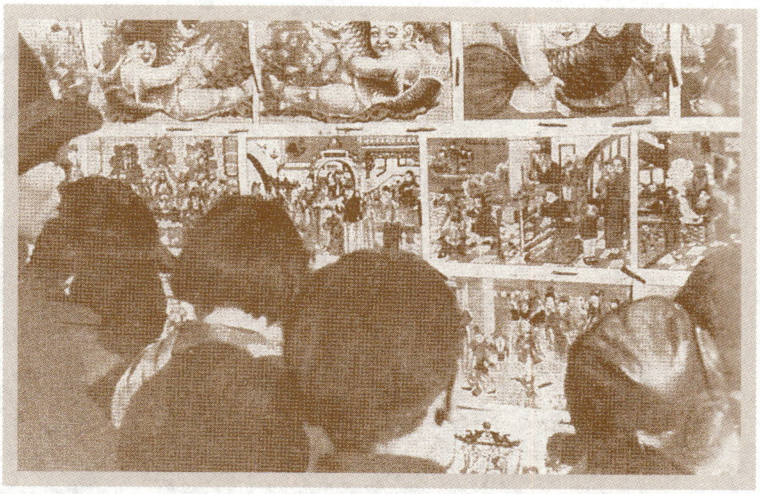

◎ 年货市场人头攒动的年画摊

次次地回想起那些年父亲躬身伏案、静气凝神、从容挥毫作画的神情。凭借着儿时的记忆，我反反复复地推敲，一点一滴地揣摩。几个月后，终于把这幅年画完完全全地复原了，圆了我们兄弟姐妹多年来的一个梦想。他们见到分外高兴地说："三星老人又回来了！"我们的孩子见到这幅年画十分惊奇，他们没有想到爷爷（姥爷）曾经画过那么一幅动人、有趣的年画。为了使画面更加生动、饱满，友人和我分别篆刻了"福禄寿三星"和"恭贺新年"等印章拓印在画面上，自己还认真地题了跋——"天津卫大直沽梁瑜之子广中写"。

春节到来之际，我把这幅年画装裱在新买的画框中，使它比昔日更加光彩夺目。弟弟妹妹像迎接久别重逢的亲人一样，把这幅画欢天喜地、认认真真地挂在自家屋内的醒目位置。这幅久别重逢了的年画，给亲人们的新春佳节平添了几分喜庆和欢乐。

◎ 年画“福禄寿三星”复原后全貌

虽然年画“福禄寿三星”构图简练，但其表达的内容却十分丰富。福星、禄星、寿星源于千百年来中华民族对星辰的自然崇拜，体现了自唐宗宋祖以来华夏民族对精神生活、物质生活的美好企盼。年画“福禄寿三星”把福、禄、寿三位星宿拟人化，描绘成一位笑逐颜开、吉祥如意的老人形象。该画自上而下、从左至右注入了内涵丰富、趣味十足的传统文化，画面简洁明快、易识易记、过目难忘，体现出了“文化符号”较强的视觉冲击力，饱含了大直沽人追求传统年文化内涵的情愫和对美好生活的渴望。

画面的上部：三星老人长而隆起的前额，显得天庭饱满、聪慧过人；脑后部寥寥数缕残发盘起的发髻上扎着小蝴蝶结，抒发着三星老人爱美的情怀；大大的耳郭、厚厚的耳垂，彰显三星老人康健长寿的福相；笑眯眯的双眼、合不拢的笑口，让你看后跟着会心一笑；浓密的长寿眉、齐胸的银髯，凸显出三星老人天人合一的吉相。画面的下部：用粗黑的墨笔书写出福字的主体笔画，同时也勾勒出三星老人强健的体魄；丰硕、鲜美的寿桃，乃是福字上“点儿”的一笔；画面上的“录”字与福字左边的部首有趣地组合成了“禄”字，是又一个匠心独具的设计。

画面左侧，口衔古钱的蝙蝠给新春带来了福运和财气，福（蝠）到了眼前（钱）。画面右侧龙头拐杖上系着的两件文书，体现出三星老人负有上天使命的身份；葫芦乃寓意着“福禄”；从一笔勾画出的“八宝”中国结和一双飘逸的长穗，可以感受到三星老人为火红的新春带来了吉祥如意的祝福。

“人间福禄寿，天上三吉星。”画面右上方的三颗星宿，示意着天上的福、禄、寿三星，是我的创新之笔。据天文学家介绍，福禄寿三颗吉星位于猎户座的腰部，自左向右等距离、同亮度地排成一条直线，它们每晚都出现在我们的视野之中，只因除夕之夜在空中升至最高的位置，所以千百年来人们称“三星高照，新年来到”。

3. 褚大伯雪中送炭传授刻窗花技艺

与窗花结缘是在20世纪60年代初，三年自然灾害初期。父亲的同事褚伯伯了解到我家孩子多，生活艰难，尤其是了解到我在每年腊月都要把父亲写的春联拿到街上叫卖的境况后，十分同情和关心。有一天，褚伯伯对我父亲说：“让你的大儿子跟我的哥哥学刻[传统窗花艺人把使用‘刀刻’窗花称为‘卒’（读音）窗花]窗花吧。孩子一样都是挨冷受冻的，但卖窗花肯定比卖对子赚得多。”父亲回家告知我后，我感到这是一个能够帮助父母多挣钱的门路，就很爽快地答应了。

第一次去褚大伯家是在春末夏初时节。在褚伯伯的带领下，我和父亲去拜见褚大伯。大伯家住河东区郭庄子大街，在字号为“启元茶庄”的店铺靠西边的胡同内左侧第三个大院的北房。迈进大伯的屋内，只见地上、桌子上撒满了红色的碎纸屑。原来，大伯已经动手忙碌明年春节的货源了。胖胖的大伯，背微驼，憨厚的脸上布满了岁月的痕迹。褚大娘人虽消瘦，却十分有精神。二位老人爽朗的笑声，让我紧张的心情得到了缓和。一阵寒暄过后，父亲向大伯、大娘一再地表达谢意。大伯对我父亲说："早听我兄弟说了，你们两口子挺不容易的。让孩子学会了刻窗花，对日子会有帮助的。看这小子够聪明的，你们放心吧，我保准把他教会了。"又对我说道："不过，学刻窗花会很辛苦的，你不怕吗？"我很腼腆地回答说："不怕，我一定好好地跟您学。"那天，还见到了大伯、大娘的两个孩子——一个比我年长的姐姐和一个比我年幼的弟弟。时过境迁，五十多年过去了，尽管"平房改造"以后已无法跟他们取得联系，但当年褚伯伯一家雪中送炭的深情厚谊，我至今念念不忘。

为了尽快把刻窗花技艺学到手，连续五六个星期日，我都抽出半天时间，骑上父亲自己攒的自行车，从大直沽后台儿沿着津塘公路骑过唐家口地道，再沿着石墙子大街一直骑到郭庄子大街，去大伯家学艺。

大伯全家人待我很热情。老人首先从刻纸的刀工教起，教我如何把握持刀的姿势与力度以及行刀的力度、顺序与手法，而后教我炒制蜡版（垫在被刻的红纸下面，用锯末的炭黑和羊油混合炒制的材料，冷却后便凝结成硬度适中的托板。每刻一刀时，刀子穿透红纸扎到蜡版中。此时刀尖既不受损伤，又得蘸上蜡版里的羊油，再刻窗花的下一刀时刀刃得到润滑）的方法，教我如何熏烤窗花样子（把准备刻的一个窗花附在被水浸湿了的粘有白纸的薄木板上，然后把粘有窗花的木板这一面朝下，用点燃的煤油灯的浓烟熏烤。待晾干了之后揭掉贴在白纸上的窗花，被遮挡的白纸处便呈现出清晰的窗花样子）的土办法，教我如何打制刻刀刀坯及其热处理（用废钢锯条打磨成刀坯后，掌握好把烧红的刀胚放入机油里淬火的火候，起到提高刀刃的刚性、使研磨后的刀锋更加锐利而不脆断、不弯曲的作用）工艺等等。

每当学会了一点儿技艺，我回到家里便大胆地尝试起来。在父亲的鼓励和帮助下，为了刻制规格不同的窗花，父亲帮助我炒制了两块大小不同的蜡版。学木工的三弟还制作了便于存放刻刀、小钉子、小锤子等小工具，带有小抽屉的蜡版托盒送给我。在反反复复地实践淬火的热处理技艺后，我打造了十余把得心应手的锋利刻刀。

为了不影响自己的学习，每年近两个月的暑假是我突击实习刻窗花的黄金季节。从放假的第一天开始，我便在家中全神贯注地埋头苦干，一刀接一刀不停地刻。每当完成一沓窗花，自己的心中就增加了一份喜

◎ 作者在刻窗花

悦。20世纪60年代的三伏天，家中连电风扇都没有。虽然我只穿一条短裤，汗水还是不住地往下流。为了节省擦汗的时间，我在两臂下各垫了一条小毛巾，在后背披上浸了水的大号毛巾。一旦手里拿起刻刀来，我就不愿意停下来，恨不得一鼓作气刻完一沓后再喘口气喝碗水、冲个凉。可是，那些精细的大窗花哪是一时半会儿就能刻成的呀。想起当时风华正茂的少年时代的充沛精力，今天的自己感慨不已。那时，一想到多干一些就能帮助父母多分担一点儿忧愁时，费多大的力气也不觉得苦和累了。至今，还能明显看出我右手拇指比起左手的来显得粗大一些。正是从小养成的坚忍不拔、吃苦耐劳的品格，让我能够在四年内蒙古"上山下乡"的艰苦岁月里从容面对苦难，并将其作为我一生的精神财富珍藏起来。

1963年是物资非常匮乏的时期，刻窗花用的红毛边纸买不到了。为了寻求纸张，我不知走过市内大街小巷的多少家百货店、文具店，终于在河西区灰堆的一个小供销社内看到了一种很薄、发亮、柔韧性很差

◎ 个人作品“龙凤双喜”

且颜色暗淡的红纸。在跟店主一再央求下，我买断了仅有的百余张纸。看着这些纸张的成色，我担心刻出来的窗花是否能卖出去。犹豫了很多天后，我还是大着胆子把它们全部加工成了吊钱。真的没有想到，除夕那天，吊钱售出的势头很旺。到了傍晚，准备留给家里使用的吊钱也都被人们抢购一空。

卖窗花的那几年，每年家中春节前十余天就开始熬夜“过年”了。随着热卖窗花的脱销，晚上收摊儿后不仅自己埋头刻制窗花，而且父母和弟弟妹妹们也一齐上阵。他们在“肥猪拱门”“金马驹”“蜡钎”“金鱼”“和平鸽”等式样的窗花后面粘贴上多种彩色的纸，炕上、地下都布满了五颜六色的纸片。大家你找彩纸，我抢剪刀、糨糊，说说笑笑的，不知不觉就忙到了半夜。年幼的弟弟妹妹们时常前仰后合地打着哈欠，爸爸妈妈赶紧进行“战地”动员：“谁都不许睡，一会儿就干完了。看看哥哥都冻了一天了，还在刻呢。”现在，一想起这些情景来，心里就酸酸的，泪水就会在眼眶里打转。

◎ 个人作品“金马驹、和平鸽、金鱼”

◎ 个人作品“麒麟踏喜”

有一件事，至今回想起来，自己都感到特别自豪和幸福。当年，刚刚上市的、售价50元一块的天津“五一”牌手表非常紧缺，凭票供应。那是临近春节的一天，早上刚去上班的父亲没过一会儿就兴冲冲地跑了回来，手里拿着一张“五一”手表的票。在年货摊上找到我，父亲问：“广中，手里有50块钱吗？”我说：“昨天挣的钱都给妈妈买年货了。”父亲着急地说：“这个票来得太不容易了，今天不买就作废了。”我心想，现在正是年根儿底下，从这两年卖窗花又卖春联的行情看，有一定的把握在中午之前挣够买表的钱，于是就胸有成竹地安慰父亲说：“您放心吧，中午以前无论如何也要把钱给您送去。”父亲高兴地回单位上班去了。

那天，父亲刚一离开，我就像冲锋陷阵的士兵一样，放开了嗓门儿吆喝起来，热情地招揽着生意。真值得庆幸，不到十一点就把买表的钱挣足了。当我把钱递到父亲手中的那一刻，他那欣喜的笑容永远铭刻在我的记忆中，无法忘怀。现在，这块手表还被我们珍藏着。

自从叫卖自己刻的窗花以后，我们的年货摊儿的生意明显地红火了起来。兼营窗花、春联以后，客人们有了更大的选择余地，我们的收入也在成倍地增加。那些年，父母亲再也不为购置年货发愁了，而且有了足够给我们添置新衣服的钱了。看到母亲舒心的微笑，我的心里别提多高兴了，自己再多吃一些苦也值了。当年，我不仅从褚伯伯一家人那里学到了刻窗花的传统技艺，更学到了他们真诚无私、济人困苦、雪中送炭的高尚品德。

少年时代的腊月印记，既有酸楚又有甘甜，使我与新春结下了特殊的情缘。窗花技艺的劳苦经历，丰富了我对人生的体验。度过了甲子岁月的艰辛历程，我更加珍惜和热爱今天美满、和谐的幸福生活。

三、大直沽红白喜事习俗趣闻

旧时年间，大直沽人办红白喜事的习俗可不一般，笔者赶上了一个尾巴。

20世纪50年代初，我家居住在大直沽中街（天妃宫前的一条繁华街道）的西侧。在我家坐北面南的平房斜对过儿，有一家承办喜（红）事

◎ 过春节时祭祀的祭器与供品

的窦家花轿铺，西侧毗邻着一家承办丧（白）事的梁家杠房（由我的本族爷爷辈分的梁绍清、梁绍鹏老哥俩共同经营）。可是，办理红白喜事的各种习俗，不只是专门经营红白喜事的行业完全承担得了的，还需要方方面面的人员予以协同配合。从大直沽人办理红事的妈妈例儿、料理白事的繁文缛节，可以窥见老天津卫人办理红白喜事的方方面面，这里可有一番说道。

随着时代的变迁，老式红白喜事带有封建迷信色彩的陈规陋习已经远离了我们，但它们作为中华传统民俗文化里婚丧文化的部分，我们不妨了解一二。

（一）办理红事的妈妈例儿

1. 媒婆与大冰保

早年男女婚嫁的介绍人分两种，一种称媒婆，一种称大冰保。媒婆又称小媒，属于三姑六婆（明代学者陶宗仪著《辍耕录》第十卷记述：

“三姑者，尼姑、道姑、卦姑也；六婆者，媒婆、牙婆、师婆、虔婆、药婆、稳婆。”其中，牙婆是贩卖人口的，师婆是顶神的女巫，虔婆是妓院的鸨母，稳婆是接生婆）之一。媒婆以婚姻介绍为生。她们为了介绍成功、赢得酬劳，往往为被介绍人夸大优点、隐瞒缺点。婚姻之事，男为阳、女为阴，为男女沟通故称冰人。也有对冰人的尊称，称之大冰人、大冰保。一般，大冰保是男女双方家长至亲近友，不图酬劳，只为亲谊。他们挑选门当户对、品貌相当的，把问题摆在明处，一手托两家，男女双方不必再进一步打探、摸底了。

无论是通过媒婆，还是大冰保说亲，经双方父母基本同意之后，先开“号头”，即用一张红纸写上姓名、年龄、学历或功名、籍贯、职业、亲属情况、财产状况，以供双方进一步了解；后请“庚帖”，即生辰八字[采用易经原理卜卦时，首先通过生辰，即出生的“年、月、日、时”，从而根据阴阳历法之“天干”（“甲、乙、丙、丁、戊、己、庚、辛、壬、癸”为十天干）为阳、“地支”（“子、丑、寅、卯、辰、巳、午、未、申、酉、戌、亥”为十二地支）为阴，由此得出个人的八字。这些与根据中华传统文化中的占卜学精髓“易经”进行测算的“术数学”相关。]武汉大学曾专门设此学科，对“术数学”进行教学、科研。例如“甲子”年、“乙丑”月、“丙寅”日、“丁卯”时即为天干、地支的“八字”。民间流传根据一个人的“生辰八字”与五行（水、木、金、火、土）之间的关系，可以测算出其命运以及如何趋吉避凶。

2. 换庚帖与合八字

男女双方拿到对方的庚帖八字以后，找到算命先生细批。他们按照五行、八卦之间相生、相克、相制、相化的关系，批出上等婚、中等婚、下等婚。大直沽的老户人家还有许多依照生肖判断婚姻成败的妈妈例儿，如“天龙犯地兔”“白马犯青牛”“鸡猴不到头”等等。好像属龙与属兔、属马与属牛、属鸡与属猴的都不能婚配，这样一来能够结婚的人群自然缩减了。算命先生为了招徕生意，他们另有办法用相生、相克、相冲的办法“解救”，能把水火不相容的两人的八字批成上等婚。显然，这里并没有什么科学道理。

经他们按照庚帖细批的八字是上等婚的，婚后的具体情况也大不一样：有的穷困潦倒，有的百病缠身，有的婆媳交恶，有的夫妇不合，有的新婚后不久新妇变寡妇。所以说江湖术士的话不可信。如此，批对了的则添油加醋，逢人便广为宣传，昧着良心招揽生意。

3. 催妆礼与过嫁妆

批过庚帖八字相合的双方，则认为可以作为亲家，准备找人谈婚论嫁了。下一步就是“换帖落钗”，亦称“纳彩”（即为订婚，也称“放定”）。换帖是交换龙凤大帖，“帖”需是大红烫金封套，内有红单帖。男方致女方写“敬求台允”，下首写“忝（音同‘舔’）眷某某郡顿首拜”。早年龙凤帖不能写姓，只许写郡。如姓赵写“天水郡”，姓孙写“安乐郡”等等。女方给男方的回帖写“谨遵台命”，下首类同。放定要有彩礼随帖送达，所以叫纳彩。彩礼是男方送给女方的，富有之家当然是珠宝翠钻首饰；一般有四大金即金簪钗、金镯子、金戒指、金耳环或金项链；财力中下人家买不起赤金的，则用包金或镀金的，外观上也是黄澄澄的，实际为银质，省钱多了。金钗为新娘上妆佩戴凤冠所必需，故送彩礼又名“落钗”。女方也有要求折合成现金的，未免显得太小气了。

落钗以后就选黄道吉日完婚了。婚前一日有两件要事：其一，女方向男方过嫁妆，俗称“陪嫁”，内容可丰可简，从四季衣服到全堂家具、生活用品、钟表盆镜皆可。“陪嫁”该装箱的装箱、该绷盘的捆扎绷盘，便于人们一眼看见，分别由二人抬送到男方（据女方家庭实力，

◎ 富庶人家的“厚嫁”风尚

由十几台到一二百台不等），摆在新房或搭起的喜棚中，供亲友观看、评说。贫苦的女方至少必备一桶（马桶）一灯（油灯或台灯）。其二，男方向女方送催妆礼，即应时的鲜货（水果）、名店糕点等。此种礼品两色、四色、八色皆可。催妆礼中必不可少的还有一对活鹅或一对活鸭，富有之家则四鹅四鸭。将鹅鸭抬到女方门前时，要打得鹅鸭呱呱叫，让街坊四邻都知晓这家的闺女要出嫁了，同时催促新娘及早梳妆打扮准备过门。

4. 童子转轿与坐花轿

坐花轿是旧时结婚的一件大事。大直沽窦家花轿铺生意和气、宾客盈门。花轿铺业务有出租花轿、串灯（玻璃灯罩、内置红蜡烛）、执事（执持婚庆仪仗器具的人）以及婚事所需用品等。

花轿有头轿、二水轿、一般轿之别，区别在于大红缎绣花轿围的新旧程度。头轿的轿围是新缎子的，四面的凤凰、牡丹是原织绣未开剪的。当轿子到了主家，当着主人的面把轿顶的圆洞剪开，以示是第一次使用。二水轿虽然轿围的缎绣颜色比较鲜艳，但是毕竟人家已经使用了一次，比起新开剪的逊色不少。一般轿的轿围则被使用过多次，被雨淋和油污、褪色就在所难免了。花轿的优质与否，是女方对男方家庭婚前的最后一次重要考验。往往由于女方对花轿的品质不称心，亲家双方闹得不可开交、还使得媒人两头为难的情况也不少见。一些大户人家都有自家的花轿，娶亲时专门定做上乘的缎绣的轿围，决不向外租赁。

婚前一天，男方家院落内高搭喜棚，还专门腾出一块宽绰的地方“亮轿”。晚上，花轿四周灯火通明，吹鼓手演奏喜庆曲牌通宵达旦。有一项火爆、喜庆的活动——由十一二岁的男孩子闹喜“童子转轿”：一般有六个、八个或十二个男孩剃成光头、身穿大红彩衣、头戴红圈穗，手提燃有红蜡烛的牛角喜灯，围着花轿轮番转走；先由执事领唱，男孩分上下句接唱，然后一起合唱。嘹亮的童声喜歌，使大婚前夕的夜晚格外红火。一夜轮番转轿直到天明，男童们各个筋疲力尽，接喜气儿看热闹的人们自然少不了。一夜“童子转轿”的花销可不一般，精打细算的人家也就作罢了。

作为人生仅此一次的大礼，富贵、百姓之家都有一套不俗的仪仗形式。当天吉时起轿，先由旗、锣、伞、扇开道，紧跟着整堂执事人员、整堂牛角串灯、整列提灯喜童、唢呐鼓乐队吹吹打打依次行进，最后是

◎ 婚庆仪仗阵容

由四人抬或八人抬的花轿。

经过训练的轿夫前行要求一平二稳，拐弯抹角不摇不晃，尽量保证轿内新人舒适。曾听过奶奶辈分的老人们讲，一般路途稍为远些的新人经受不了轿子的颠簸，很少有不晕、不吐的，尤其在夏季闷热的时节。

抬轿分前后杠、左右杠，后杠最吃功夫。因为轿子在眼前阻碍视线，需要前杠的关照。前杠一旦发现有水洼、绊脚砖头、石头等，就吆喝“左脚滑”“右脚滑”“带左手”“带右手”等口令予以提示。原则上要求轿子要顺顺当当抬到男方家，保证一路上不出意外。即便冬季严寒天气，轿夫们都是汗流浃背的。

由于大直沽的里巷、胡同多，而且狭窄、弯曲，花轿经常无法抬进去，所以花轿还特别备有轿心（小巧别致，只容得下新娘）。到了胡同口，由两个人抬轿心到喜房堂前，为此主家都要多付一笔酬金。显然，新娘如此乘坐于轿子、轿心之中，从娘家一路走来，其身心需要承受的颠簸、苦楚可想而知。

5. 婚前宴请亲朋和嘉宾

婚前一日亲友道喜，男方待客午、晚两餐；女方午餐宾客齐全，晚餐则仅有姑、表、姨、舅。午餐喜面一般配四大碟或八大碟炒菜、大碟什锦菜码（菠菜、芹菜、白菜、绿豆菜、黄豆、青豆，少不了红粉皮），红白二卤（全鸡、大棒骨中放入用葱、姜等熬制的高汤，再放入

◎ 婚庆八抬大轿

肉片、虾仁、木耳、花菜、香干、面筋等，调进适量的淀粉制成卤子。白卤区别于红卤是不加入辣椒、糖色，以适应不同口味的人食用）。晚餐有八大碗（有汉族、回族、满族等不同民族特色）或四大扒（一般指由满汉全席演变过来的以鸡鸭鱼肉为主料的炒菜，还可演绎成八大扒、十六大扒等，或依照民族需求烹制）或用五碗、四碟装的九道菜等，冬天则有火锅。酒品当然是家乡大直沽高粱白酒、色味俱佳的状元红以及绍兴黄酒等。

亲友送礼以现金为主，也有送首饰、喜幛料子的。大红绸缎幛料送给男方，多写有“百年好合”“天作之合”等；若送女方，则写上“于归之喜”“之子于归”等。礼金、礼品一般都是婚礼几天前送达，以便主人用红纸提前写上送礼友人姓名，悬挂于喜房左右或洞房之中示人。

6. 坐帐、合卺与拜天地

喜房一般都是洞房的外室，普通人家都是一明两暗（堂屋居中）。堂屋当中供天地神龛、四色供果、香炉蜡台、大红龙凤喜烛，设弓斗等。这些准备事项都由聘请的“大全人”（一般是父母健在、兄弟姊妹和睦、儿女双全，而且有威望的人）负责。

新郎吉服是布料长袍马褂，取步步高升的谐音美意。新郎衣冠齐整地端坐在洞房帐内，等待花轿抬到喜门前。当花轿一到未掀开轿帘之前，新郎用事先准备好的弓迎着轿的方向连射三箭，屋外马上点燃鞭炮驱赶煞神（据说这种习俗兴自元代，因为胡羌人习惯用弓箭抢亲）。“陪房”搀扶新娘下轿后，新人拜天地、拜父母高堂、二人对拜，双双入洞房吃交杯酒、子孙饽饽（半生不熟的饺子）。此时，洞房门口专门有人大声问：“生不生？”屋内响亮回答：“生（取‘生养子女之意’）。”然后，焚烧天地纸，以谢天地成就美满姻缘。洞房的红烛通宵点燃，这一套礼节称为“合卺（音同‘仅’）”。接下来新郎开始招待亲友宾朋，接受大家祝贺，为长辈点烟敬茶。

新娘则盘腿端坐在炕上，低头不语。此时，除了忌生肖的亲人友邻之外，大家自如进出洞房观看。三天以内不分辈分大小，平辈及晚辈都可以对新娘品头论足、开玩笑，称之为闹洞房。新婚第二天清晨，新娘梳洗化妆，仍然端坐在炕上。第三天，新娘才可以下地，除了自己的公婆以外，给大娘婆、婶婆婆、姑婆婆、姨婆婆、舅婆婆挨个儿磕头；而妯娌、兄弟之间见面致意即要分大小，之后进入正常生活，即长辈、晚辈之间规规矩矩，不得再开玩笑。

“陪房”的角色很重要，一般由新娘的乳妈或年长的“全可人儿”（父母公婆、兄弟姐妹、儿女齐全的妇女）担任。闹洞房的人什么花招都使得出，“陪房”则要以礼相待、温言相劝、不得怠慢，并尽全力维护、照顾新娘。而且“陪房”还要向新娘传授洞房知识，父母不便于说的她都可与说。大婚三天之后，“陪房”则完成使命。

7. 单回门与双回门

新婚之后第一次回娘家，称为“回门”。第四天回的叫“回四”，第六天回的叫“回六”，还有“回九”“回十二”的，等等。这与新娘的经期和洞房之事有关，不得强行规定。娘家决不许可“毛女”（未合房的新娘）还家，于是通过“陪房”往返传递信息、协商回房日期。

“单回门”是新娘自己乘一顶红轿回娘家，仪式简单。“双回门”是一对新人双双回娘家，排场可就大了。回门的日期定好之后，由娘家派两乘轿子迎接，一乘官轿由新姑爷（岳父岳母对新女婿的爱称）坐，接的时候不能空轿，要选两个聪明、乖巧的童子压轿；另一乘备新姑奶奶（娘家父母对出阁女儿的爱称）坐。

新姑爷是门前贵客，第一次登门是一件大事。岳父岳母备办丰盛的筵席，邀请近亲长辈作陪；同辈的女婿（老姑爷），大直沽俗称“一担挑儿”（即所谓“连襟”），也是主要陪客。新姑爷夫妇对岳父岳母行过大礼（三拜九扣）后，特许坐在上席，大家轮番让酒、敬菜，长辈们要给见面礼（多为绸缎衣料）。送现金红包者，其现金数目必须四平、六顺、八稳（取其吉祥之意）。酒足饭饱之后，家人陪新姑爷饮茶，吃水果、点心；新姑奶奶则到内室与母亲、姊妹叙家常。通常此时，母亲对女儿出嫁后的牵挂与关切之情会一涌而出，不免泪水涟涟。这时的女儿，哪怕有再多的委屈与不悦，碍于不想让母亲担心，也都暗中忍泣。

回门的时间不可太长，新婚夫妇必须在夕阳西下前离开娘家，不可见到娘家的灯火。以后再回娘家则称为“归宁”，就没有那么多的讲究了。

至此，旧式新婚习俗的一系列妈妈例儿，只能说基本唠叨全了。

（二）料理白事的繁文缛节

1. 寿衣、轿马、成服与报丧

大直沽人家有提前给老人预备寿衣的习俗，尤其在闰月年有给老人购置寿衣以增福增寿之说，还有当老人得病时买来寿衣冲喜的说法。“冲喜”，即把寿衣买回家中，里边夹上两根大葱取其“冲”的谐音，一冲喜病就好。当然，这种明显带有迷信色彩的把戏也从一个侧面体现了儿女对长辈的孝道。另外，有些老人也希望生前亲自安排身后事，包括选择寿衣。

寿衣面料不用缎子，因为“缎”与“断”谐音，有断子绝孙之嫌。寿衣款式一般沿用清代衣帽的样式，男的是袍套靴帽、补挂明珠；女的是凤冠霞帔、锦衣绣裙。男女均配海褥子、海被，铺金盖银，头枕脚架，不过成色有高低之别、价格悬殊。富裕人家有用陀罗尼经（佛家经文）被的。此被材质为黄色（或银色）原织整绢，印上红色陀罗尼经全部经文，甚显豪华。

天津有专门的扎彩匠作坊：扎制纸人，童男、童女取名“扎眼”；扎纸马送给亡父——骑马走；扎纸轿送给亡母——坐轿走。还有扎纸家具——到了冥间便于生活（闺女还要专门扎箱笼，装满冥币、纸钱等）。大直沽“天妃宫”小广场上，坐西面东有一家扎彩匠作坊。

老人临终时刻，其家人邀请左邻右舍的婶子、大娘缝制孝服。河东

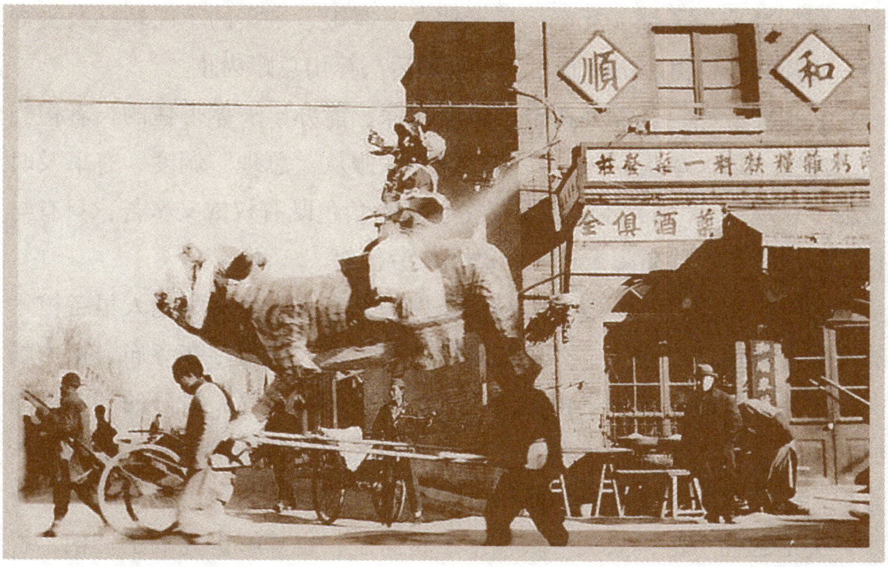

◎ 为丧事人家扎制的纸质供品

大直沽有“大破孝”与“小破孝”之分。“大破孝”：凡是在“五服”之内，亡人的子女及晚辈、兄弟姊妹、侄男侄女、外甥外甥女等晚辈都有孝服，从孝服式样可以分辨出其与亡人的亲缘关系，非富贵之家办不到。不在“五服”之内的前来吊唁，则自备孝服，这是大直沽老辈人儿约定俗成的规矩。“小破孝”：只有亲生子女及其晚辈，所谓重孝子有白布孝服，其他亲朋只给男的一顶白孝帽子、女的头上一条白布箍子。另外，每个人再给一条较宽的白布扎在腰上。生活特别困难的人家到杠房租赁孝服，用完归还时付给一定的折旧费。

“成服”（穿好孝服）之后，首先“报丧”。丧家门前用白纸书写“恕报不周”或“恕不便赴”，贴在大门口，约定男（逝者）左女（逝者）右。孝男至亲友家中报丧，至大门口处磕头，为亡人免罪。富有及功名人家要在照壁墙上立“殃榜牌”，用大张白纸写上亡人功名、官衔和生卒年、月、日，是比较详细的“讣告”，一般人家则没有这样的讲究。

2. 立账房、请总理、看板拢材

“立账房”需要邀请靠得住的好友管理收支。丧家从长辈“倒头”（去世）开始，开支繁琐，不同于寻常的过日子。做子女的事先要有所打算，丧事临头自己又无暇管理，都依赖账房支配进进出出的每笔款项。诸如登记份子钱、礼金，每天伙食、客饭、来宾的车船轿马及丧葬的一切开销，皆由账房统管，一直到最后决算出总账为止。

从丧葬开始，还需要邀请一位交谊深、能办事、靠得住的长者担当“总理”一职。事无巨细，一切事情必须服从“总理”调度；有事及时请示“总理”，他人不可擅自做主。这个角色既有权威又辛苦，只有与丧家友情深厚、德高望重者才能做到任劳任怨。

旧时实行土葬，一般中上经济条件的大直沽人家有为老人早备棺木的习俗，称为“寿材”，存放在家中空闲屋内，或寄存在寺庙、棺木场中，在老人临终时取用。棺木所用的木材有诸多讲究，最好的寿木当数楠木独板。楠木主要产于四川、贵州大山之中，树高十余丈，材质坚密芳香，色赤而有丝纹者坚，较白者质脆称“金丝楠木”，价格高昂。所以，买不起楠木棺，只买一块楠木棺材盖子，也算够讲究的了。柏木材质较楠木次之。柏木分为扁柏、侧柏、桧柏、罗汉柏等多种，其中罗汉柏最为上乘。贫苦人家买不起棺材，只能买一只拼钉的中间夹着锯末的“鼓”，外表像口棺材，一撞就散，人们俗称“狗碰头”。

◎ 棺材作坊

“拢材”（制作棺材的手艺）是木工中的特殊工种，习惯于干“抢活儿”。只要棺材没有拢成，后到的拢材工只要帮上一把手儿，哪怕只砍一斧子、只刻一道槽，完工以后也要跟木工平分工钱。如果棺材已经拢成，赶过来的木工算白跑一趟。行规如此，毫无争议。

3. 成殓、开光、接三与喜丧

临终的人穿好寿衣，就不能再停留在炕上，要移到从杠房租赁来的寿板（一对黑漆木凳架上两块黑漆木板）上，称为“停床”。亡人头前放置供桌，桌子上摆放供果，连续点燃素香（没有气味的香枝）、素蜡。亡人停床时间不宜过长，一般不过三天，等待远方子女，特殊情况例外。拢好的棺木刷上黑漆，前边（俗称“材头”）用金线描边；中间用金色自上而下画出两道线，其间用白漆书写扁宋体文字，内容为亡人的官衔、名讳，生卒年月日，享年几何等；后边（俗称“材尾”）则用白漆画上莲花。

尸体放进棺材（叫“成殓”或“大殓”）之前，请杠房的师傅为亡人“开光”整容。入殓前孝子围哭、亲友吊唁，生离死别最后再看一眼，一经入殓盖棺就不能再见遗容了。此时儿女、亲人哭得死去活来，此乃人世间骨肉别离最为悲痛的时刻。

入殓还有“单入殓”和“入响殓”的说法，前者不动鼓乐，省下许多费用；后者有旗、锣、伞、扇，从入棺前到盖棺盖，吹吹打打三通，气氛热闹非常。

一般人家没有大厅，尸体只得停放在院中，成殓时必须专门请四个人在棺木四周举起帐子，亡人不可遭遇日光、雨雪的侵害。成殓之后一定要搭好席棚。

在人亡之后的三天里，有钱人家请僧人、道士念“接三”经，也叫“放焰口”，布施恶鬼，超度亡灵顺利登上西天大路（因唐代的不空法师翻译印度梵文经典《救拔焰口恶鬼陀罗尼经》，自此才有了放焰口的说法）。具体情节不再赘述。

以后每七天设奠一次、念一次经，直至七期（每七天为“一期”，按七做佛事）。旧时人们认为，人故去后，为其诵经修福七期，必定使其转生成人。当年，小户人家有三期或五期出殡的，大户人家不怕花钱停到七期，甚至到百天的都有。

过去流传一种“老喜丧”的说法，认为人活到八九十岁，子孙满堂、无疾而终，这是老人修来的善果，得到福、寿报应的结果，所以丧事可以当喜事办。“老喜丧”一方面按时烧纸哭奠，一方面可以饮酒、打牌，说老人到了西方极乐世界。

4. 阴宅、点穴、吉地与合葬

人居住的房屋称阳宅，墓地坟园称阴宅，阴阳两宅都讲究请堪舆先生（俗称阴阳先生）选择趋吉避凶的吉地。《古今图书集成》载：“凡左有流水，谓之青龙（东方）；右有长道，谓之白虎（西方）；前有淤地，谓之朱雀（南方）；后有丘陵，谓之玄武（北方），最为贵地。”阴阳先生选择吉地就以青龙、白虎、朱雀、玄武为原则来决定。

选好了风水吉地，确定棺材具体葬到什么地方，称之“点穴”。阴阳先生根据棺内亡人的生辰八字，用罗盘进行定位，其目的据说是为了保佑子孙后代吉利昌盛。

罗盘是木质的圆形测算工具，直径三十厘米左右，上面画三个同心圆，最里一圈是地支；中间一圈乃《易经》的八个字——“乾、坎、艮、震、巽、离、坤、兑”（称“八宫”）；外边一圈是壬子癸、丑艮寅、甲卯乙、辰巽巳、丙午丁、未坤申、庚酉辛、戌乾亥共二十四个方位；罗盘中心是阴阳鱼。阴阳先生都通晓易经、六爻、八卦，罗盘就是运用卦象与相生、相克、相冲的原理进行精确测算的工具。

大户人家都有自家的祖坟及坟地，则丧家在下葬前几日，请阴阳先生下坟地选墓穴位置。经过测算点准穴位以后，下锹做坑、苫席盖板，并留人看守以防下雨淹泡。这些繁文缛节都出于富有之家。一般贫苦人家没有自己的坟地，死了人随便找块地方埋葬，以后埋死人的地方便成了乱葬岗子，也就讲不起青龙、白虎那一套规矩了。

新棺下葬之前，对阴宅要修建一番，砌围墙，栽种松、柏、杨、槐等常青树。大户人家需要看坟，留出地方搭盖房舍，专门请人常年照看，定期付给工钱。坟地一般都托付给附近的村民看管，每年清明上坟时给些钱物等好处。富贵人家有在坟地建祠堂的，便于上坟时祭扫、上供、休息、更衣等。逝者夫妇若有一方已早丧未入正穴，则趁新棺下葬之际进行“合葬”。

5. 开吊、待客、迁棺与辞灵

“发引”（将灵棺抬到坟地去埋葬）前一日“开吊”，亦称“送路”。开吊当日起码要有一棚经，这是必不可少的。这天，灵堂里要搭拜台，台上中间是亡人的遗像，摆供品、焚香烛。拜台一般设在棺前，吹奏响器设在台后，台前备报客钟。宾客前来吊唁，执事击钟报告。钟响，小吹细乐即起，客行奠礼，孝男在旁跪陪叩头。傍晚（一般在下午五时）经忏佛事告一段落，旗锣伞扇开道，僧道披袍送路烧门纸，留少数人守灵，其他孝子贤孙都参加送路。按顺时针方向，送路之人围绕亡人生前居所环绕一周（约一二千米。笔者小学四年级时奶奶过世，送路时旗锣伞扇开道，僧众吹奏僧乐随后。开吊队伍出苏家胡同南口，经东西向的李家胡同，到达南北向的大直沽义和街，再经东西向的大直沽中街一大段路，绕过南何家胡同来到东西向的大直沽后街，然后一直走到苏家胡同的北口处，众人跪在铺好的几张大苇席之上叩头时，一位僧人念诵经忏文辞，把参与送路的孝子贤孙姓名一一告知亡灵，此情此景历历在目），送路归来便开宴待客。

◎ 20世纪40年代天津东站附近丧葬人家

因为出殡分早晚，所以待客也有吃一顿饭或两顿饭、三顿饭的情形。若早出殡十点发引，则出殡前一天开吊后要开席宴客。出殡当天上午从坟地归来迈火、吃糖馒头、糖块（至今仍延续此习俗）后，宾客各自散去，主家不必再摆席招待。此乃一顿饭局。若晚出殡十二点发引，则从早九点开始吊唁，十点开席吃头堂，随来人随入席，连同前一天开吊的一顿饭，共两顿饭局。吃三顿饭局的称“大回灵”：在出殡后宾客回到丧家再吃一顿。由于出殡以后时辰已晚，大家饥渴劳累再吃一顿也在情理之中，大户人家并不计较。

送路当天晚上，还有“迁棺”扫财土的说法。自入殓以来日子稍多（停了三期、五期或七期），漆材的油漆难免与垫材凳粘连，会给迁棺时带来麻烦，所以清理一下很有必要。与迁棺对应，还有扫材土的说法。因停放时间较长，棺木之上落满了尘土，但土就是“财”，不能随材走，于是要扫材土，把土（财）留在家里。这等于对棺木做一次清洁卫生。

开吊当晚，念完晚经已近子夜，五服以内的孝男孝女依次跪在棺前跪拜辞灵。此乃最后一次家祭，孝子孝女放声痛哭，极尽哀戚；全体孝子居丧守灵，彻夜不眠直到天明。

◎ 出殡人家队伍

6. 文官点主、武官祭门

富有人家在出殡之前，在大门口、街道口树立两道牌坊，一边写“风凄”，一边写“月冷”。殡前有两件大事，即“文官点主，武官祭门”。这对于普通人家来说则是可望而不可即的。

老人亡故，要由孝男立祖先牌位。牌位多是楠木制，中间有槽，男丧写“显考某公讳某某之神主”，女丧写“显妣某某太君之神主”。牌位上首写着亡人生卒年月日时，下首写孝男某某等奉祀。祖先碑亦称“灵书”，外面有木封套，刻有木花纹饰，中间镶上玻璃，下边有底座。每到春节撤去封套，按辈分排列到供桌上，焚香上供祭奠，从除夕到正月十六日止。祖宗牌位用毛笔恭楷，请人写到“主”字时，一定只写“王”，上边一点由“文官点主”用朱砂补写上。

依惯例邀请文官点主，所请之人不仅要做过官，而且要有功名，这样才显得体面，所以大直沽清代举人、书法家李耀曾（李稚香）一奶同胞弟弟、大书法家李学曾乃是文官点主首选之人。点主官一进门即奏迎宾乐，执事陪其到灵堂祭奠上香。由事先请到的四位有头面人物陪祭，孝子跪着递上祖先牌位和朱笔，点上红点就算礼成。

“武官祭门”是指出殡前灵堂开启时，邀请武官做第一祭奠人。武官全部戎装佩剑，到府时（乘车或乘轿）立即放炮三响，也需要四位头面人物作陪祭人在灵堂两侧肃立，孝子于门前磕头迎接。富户人家千方百计聘请到理想的点主祭门，以彰显家门的底蕴和气派。

7. 出殡、路祭、回灵与圆坟

大户人家出殡的阵势可谓浩浩荡荡，旌旗招展、锣鼓开道。出殡队伍前有僧众的队伍及乐手吹奏，再有道教的队伍及乐队奏乐；后边的前列是孝男（即子、孙、外孙），后列是孝女（即女儿、孙女、外孙女），再后是亡人的至亲、友人、宾朋等。

出殡是白事最大的场面，殡仪次序首先是扎制纸糊的两个“开路鬼”开路；跟着是旗锣伞扇，回避、肃静、官衔、诰封四面牌；整堂雪柳、整堂执事，金瓜、钺、斧、朝天凳、提炉、茶担、灵亭、影亭、官轿、家庙大座；中间穿插僧经、道经及僧道乐队，以及十幡、清音法鼓等。一路吹吹打打，高奏乐曲，挽联、花圈成阵，送殡宾客徐步鱼贯而行。起棺时放三声响炮，随着炮声，长男孝子摔盆，肩上扛着上书“西方接引”的引魂幡。此时，所有孝男孝女及其他晚辈放声哭喊“爸爸（或妈妈）大人西天大路走好”“再也见不到您老了”“谁还再疼我们、管我们呐”之类满腔骨肉真情的话语。有的在棺前左右拴上整疋（音同“雅”）白布，由至亲好友象征性地牵挽，名为“执绋（音同‘福’）”。棺杠有独龙杠、如意杠之分，分32人抬、64人抬，最多有128人抬。棺材用绿缎花、金宝鼎装饰。棺材后面紧跟着女孝子白轿，头顶轿一定是大儿媳，怀抱“罅（音同‘夏’）食罐”。打幡、抱罐是长门夫妇的责任，顺序依次为儿媳、闺女及其他五服之内正枝正叶的女眷。次序不能颠倒。旧礼法办白事最没有地位的人是“如夫人”（即“妾”，亦称“姨太太”），平时不管多么得宠、作威作福，到了居丧、成服时却没有地位了，没资格坐轿；如果姨太太生了儿子，看在庶生（正房长子）儿子的面上，有可能破例优待。

在殡仪途中，遇桥放炮以指挥河神；沿途撒纸钱以防亡人在去阴间路上有小鬼拦路，给其买路钱得以放行。圆形白纸钱直径四寸左右，中间有方孔，四周各有一个月牙孔，形似铜钱。撒纸钱请专人操持：先拿起一沓纸钱捻成扇面形状，然后一哈腰将纸钱顺手抛出，借着风势有如百鸟飞翔，可谓一道景观。

从丧府出发到谢客的沿途，近亲挚友拉开距离设“路祭棚”三五座不等。路祭棚要事先在路边搭好，供桌上备祭席，供有水果、点心。殡仗来到路祭棚前停下，设棚的主人迎灵燃烛点香、奠酒奠茶，孝子为路祭的主人磕头道谢。凡是执事、大座、轿夫都换肩歇息，独有僧人、道士队伍中的乐手要吹奏一番。这样送殡的人都可以得到喘息的机会。

送殡的队伍一般送出一二千米之外，于交通方便的地方停下，客人止步。孝子磕头致谢，客人们各自散去。之后，主要的孝男、孝妇要随棺下坟地，亲眼目睹亲人下葬，并亲自抓把土以示埋葬先人。事毕，孝男捧着遗像、灵书回家，称作“回灵”。

大直沽“义聚永”烧锅的少东家刘香久，于1928年为其父刘荣斋办理的丧事就很豪华、隆重。他聘请大直沽热心为故里操办红白大事的赵琴轩（人称赵七爷）、郭文元（人称郭二爷）当“总理”。他们把大事料理得令人啧啧称道。

出殡后的第三天，孝子们到坟地烧纸钱、“圆坟”，就是给新坟添土，用铁锹把坟头拍圆拍实，以防雨水冲刷。此后就待清明上坟了。

在清明前、后十天扫墓的二十天之间，给新坟添土时也要给祖坟、早坟添一次土，而且每一座坟前都要烧纸、上供。

圆坟是料理白事的最后一件事。从亡人倒头开始到圆坟止，有的持续二三十天，有的则长达百天。其间居丧孝子不许理发刮须、更换新衣，有人形容其为长须垢面。因此，人们称浑身泥污的人叫“如丧考妣”。只有圆坟以后，孝子才可脱掉麻衣理发沐浴，睡整宿的好觉。

往昔大直沽人料理丧事的繁文缛节，封建色彩浓重且劳民伤财，早已被时代所摒弃。对上述习俗往事的追思，一定要有批判封建迷信文化糟粕的意识。通过对旧时代家乡民俗民风的了解，我们会感受到中华传统文化的源远流长。

◎ 错落的大直沽老院落

第六章 大直沽人的非遗文化情结

一、感受“天津叫卖”艺术

“天津叫卖”是天津民俗民风的重要组成部分。它与祖祖辈辈天津人的生活息息相关；它是天津历史文化资源和精神财富不可或缺的非物质文化遗产；它与天津人有着难以割舍的情分。今天，“天津叫卖”成了一种艺术表演形式，被五湖四海的人们津津乐道。

曾几何时，悦耳动听的“天津叫卖”声终日回荡在大街小巷，萦绕在人们的耳畔。叫卖声是那些为了糊口谋生，经营小本生意或为他人付出技艺和服务的从业者，为招揽生意，呼唤人们知情的生动方式，是从从业者心底流淌出来的“劳动号子”。那些叫卖声时而高亢嘹亮，让人为之惊叹；时而悠扬绵长，使人为之动情；时而如泣如诉，令人感慨不已。

◎ 海河边上的摊位

随着市委、市政府“平房改造”民心工程决策的落实，那些老街、胡同已经逐渐成为城市的记忆。在日新月异迅猛发展的今天，随着物质生活与精神生活内容不断丰富，生活质量不断提升，人们对民族传统文化、传统习俗的重视和需求愈加强烈。近年来，“天津叫卖”这一生动活泼、风味醇厚的“胡同文化”艺术形式，时常出现在津门曲坛传统相声节目里，再现于反映天津国计民生的历史题材的电影、电视剧里，相逢在传统佳节的喜庆日子、大型商贸庆典、庙会集市活动的场面中。“天津叫卖”被痴迷、热爱这一文化艺术形式的人们激情满怀地演绎出来，被人们喝彩，使人们开怀，令人回味无穷。它不但被中老年人所钟情、感怀，而且被青少年所接受和喜爱。

◎ 清末东浮桥上的杂货摊

笔者经过深思，认为产生、发展“天津叫卖”的根基，是源远流长的津门文化艺术。作为中华戏曲、曲艺“大码头”的天津卫，不但成就了众多艺术门派以及享誉中华的戏曲曲种和老艺术家，而且造就了千百万爱好、懂得、参与戏曲、曲艺艺术的寻常百姓。天津人常年经受乡土艺术文化的熏陶，不会吟唱两句唱词、几段小曲的天津人几乎没有。另外，由于人生际遇的变故，一些戏曲、曲艺爱好者在操持小买卖行当之后，自然而然地把其所经营生意的内容和戏曲、鼓曲的曲调融合在一起，即兴地唱了出来。这既张扬了买卖生意，又娱乐开心了自己。而且，由于叫卖声悠扬动听、易于模仿，自然而然地就成了老百姓嘴边经常哼唱的小曲。

笔者通过认真地回顾、品味和分析，尝试性地从叫卖的行当和韵律的特征等方面，对“天津叫卖”予以鉴别、分类，并对“天津叫卖”的艺术特点、传承及演绎方式进行了研究。

（一）“天津叫卖”艺术类别的界定

1. 依叫卖的韵律特征分为三类

（1）白话类

白话类一般指叫卖声只有律（节奏）没有韵（乐感、韵调）的白话吆喝声。

这类叫卖声采用朗朗上口、抑扬顿挫的白话进行吆喝。白话类叫卖声的节奏一般采用四分之一节拍（如同京剧唱腔“有眼无板”的“跺板”板式）或四分之二节拍（如同京剧唱腔“一板一眼”的“原板”板式）。

白话类叫卖的白口音色，地域性比较明显，有的并非是地道的天津卫发祥地大直沽、天津老城里（中心地区）的方言口音。如：卖荞麦皮的叫卖者的口音多是现东丽区宜兴埠镇的；卖海蟹的叫卖者口音多是现津南区葛沽镇的（参见后边案例中此二例方言的汉语拼音）。

（2）乐感类

一般指既有律又有韵的叫卖声。这类叫卖声悦耳动听，在充满旋律的长腔、短调的叫卖声中，乐感韵味浓重。大多数乐感类叫卖声过耳难忘，特征鲜活，易于学唱；节奏一般多采用四分之二拍、四分之三拍（例如案例中卖臭豆腐的）或四分之四拍（如京剧唱腔“一板三眼”的“三眼”板式，例如后边案例中卖金鱼的叫卖声）。

值得指出的是，白话类和乐感类的叫卖声还可根据叫卖节奏的速度不同区分为跺板、慢板、中板、快板，从中可以感受、区分出不同行当的从业者叫卖时的情绪、精气神及行进状态的差异。

（3）响器类

响器类指采用音响器材“道具”进行的叫卖。其中，有的行当还结合着吆喝声。如磨剪刀的除了吆喝声，还用铜号反复吹出一个音符（或从低到高的两个五度的音符）来。

过去经常听到的响器叫卖声有磨剪刀师傅吹的铜号声、租赁小人书和其他图书师傅摇的铜铃声、卖汤圆和秫米饭师傅敲打的木梆子声、理发师傅拨动“唤头”（即召唤人们剃头、理发的响器。“唤头”形如倒持的特大号的“镊子”，钢钉从“镊子”中间由下向上方拨动后，从“镊子”头儿处发出清脆的声响）声、占卜（俗称“算命”）盲人敲打的铜质钖锣（“钖锣”的雅名为“报君知”，即报告诸君知晓的响器。由盲人一只手提着，同时用由绳系着的木槌有节奏地敲打钖锣，以便另一只手握着探路的长竹竿）声，等等。

响器的功能独特，其一，鲜明体现出某一行当的特点；其二，响器的声响传播范围较广；其三，节省叫卖者吆喝的气力。总之用响器能有效达到唤得更多人知情的作用。

2. 依叫卖者从业的行当分为三类

（1）食品类

笔者将叫卖主食和副食品的归于此类中，如卖馒头、小吃的，卖蔬菜、瓜果的，卖肉禽、水产的，等等。

（2）用品类

叫卖日常生活用品的行当归于此类中，如卖小百货的，卖玩具的，卖观赏花鸟鱼虫的，卖年货中的春联、窗花、年画的，卖布头、估衣的，等等。

（3）服务类

将出卖体力、技艺的，服务性的行当归于此类中，如理发、磨剪刀的，修理瓷器、铜器、铝制品、木器的，租赁连环画、图书的，占卜的，等等。

（二）“天津叫卖”艺术分类的案例与分析

1. 白话类叫卖的案例

白话类叫卖一般是四分之一拍铿锵有力的短腔叫卖，或是四分之二拍舒缓、行进速度的呼唤。仅提供如下几个案例，以感受白话类叫卖的魅力。

（1）食品行当的案例。

卖甜柿子的（四分之一节拍）

× | × | × | × | × ‖ （慢板）

喝　糖　罐　咧！

注：“糖罐”是人们对熟透了的大柿子的爱称。

× | × | × | × | × | × ‖ （跺板）

喝　去　吧！喝　去　吧！

卖糖葫芦的（四分之一节拍）

× | × | × ‖ （慢板）

堆(儿) 吔！

注："堆儿"是天津人对"糖堆儿"（即糖葫芦）的简称。以下注意"天津叫卖"中，儿化韵发音的关键字，增加了叫卖的韵味。

× | × | × | × | × | × ‖ （跺板）

没　核(儿) 的！大　糖　堆(儿)！

卖蒸食切糕（四分之二节拍）

×－ | ×－ | × × | ×－ ‖ （中板）

豆　馅(儿) 切 糕！

注：豆馅儿切糕是由发酵的白面片卷上红小豆、红糖熬制的"豆馅儿"蒸得的长条形状的面食。

卖乌豆的（四分之二节拍）

× －| ×. × × | × － ‖ （中板）

热！　芽　乌　豆！

注：用水泡发出芽的大蚕豆，用五香调料煮熟后，色重味香，故称为芽（在此发"牙"音）乌豆。

卖海蟹（四分之一节拍）

× | × | × | × | × ‖ （中板）

买　海　螃　蟹。

mái　hài　pǎng　kāi（发音同："埋""咳""榜""开"）

（2）用品行当案例

卖春联的（四分之一节拍）

× | × | × ‖（中板）

对(儿)　帖！

注：“对儿”是天津人对贴在房屋门框上的春联（即对联）的简称。

× | × | × | × | × | × | × ‖（踩板）

大、小　福　字(儿) 帖　去　吧！

× | × | × | × | × | × ‖（踩板）

大　门　对(儿) 帖　去　吧！

注：“大门对儿”是贴在院落大门上的春联。

卖鲜花的（四分之一节拍）

× | × | × | × | × ‖

晚　香　玉　吔！

注：晚香玉又叫夜来香，是一种香气浓郁的、妇女戴在头上的鲜花。

× | × | × | × | × | × ‖（中板）

芭(儿) 兰　花　戴　去　吧！

注：是将三五朵，扎捆成小把儿卖的白兰花。

× | × | × | × | × | × | × ‖（快板）

芭(儿) 兰　花，晚　香　玉　吔！

（3）服务行当的案例

收废品的（四分之二节拍或四分之一节拍）

× ×　× | ×　× ‖（中板）

破 烂　的　卖　吔！

× | × | × | × | × ‖（踩板）

破　烂　换　娃　娃！

注：用泥塑的、上了油彩的“娃娃”换废品。

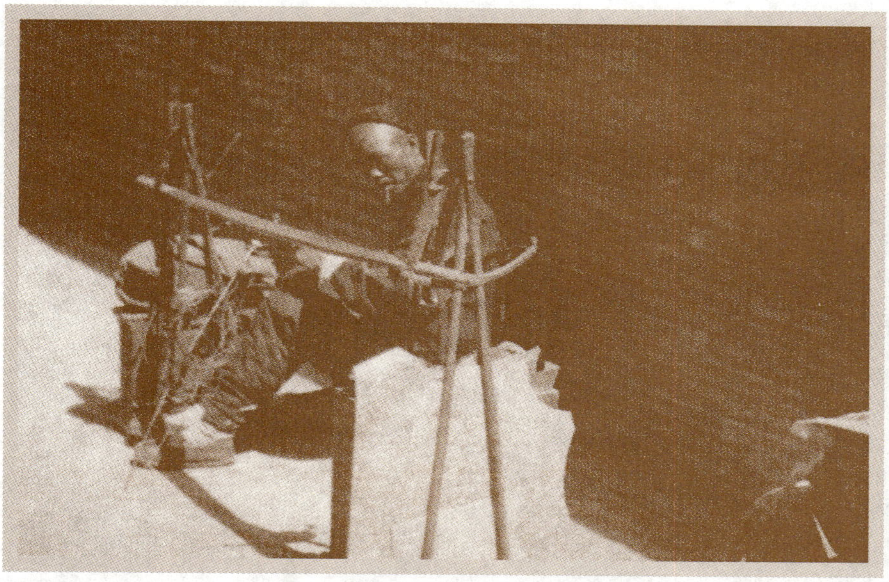

◎ 走街串巷锔锅碗碟盆的小贩

修铝制品的（四分之一节拍）

× × | × × | × | × × | × ‖ （踩板）

修理　钢精　锅　钢精　盆。

注：钢精锅是天津人对铝锅的俗称。在叫卖时，“精”字发“总”字之音。

× × | × | × × | × × | × × ‖ （踩板）

钢精　锅　钢精　盆的　修理。

2. 乐感类叫卖的案例

乐感类叫卖一般多是四分之二拍欢快行进速度的腔调，或是四分之三拍稳健舒缓的小曲，或是四分之四拍悠扬动听的长调。

◎ 清末馒头作坊

◎ 烤红薯的小贩

（1）食品行当的案例

卖戗面馒头 1=C 2/4

5 – | 1̇· 7 | 2̇ 1̇ ‖（慢板，老年叫卖者的韵律）

戗 面 馒 头！

注：“戗面”是在用水和发酵后的面粉团中，再适量掺入面粉，反复糅合成较实在的面团，蒸出的馒头很有嚼头儿。

5 1̇ | 1̇ 7 2̇ 1̇ ‖（中板，中年叫卖者的韵律）

戗 面 馒 头。

5 1̇ 7 | 2̇ 1̇ 0 ‖（快板，青年叫卖者的韵律）

戗 面 馒 头。

卖秫米饭 1 = C 2/4

5 – | 1̇· 7 | 2̇· 2̇ 1̇ ‖（慢板）

小 枣 秫 米 饭。

注：用高粱米加入小枣熬制的稀饭。

卖青萝卜 1=F 2/4

6· 2̇ 5 | 7· 7 6 | 5 ^{6}7 | ^{7}6 – ‖（中板）

好（嗽）吃 不 辣 的 青 萝 卜（“卜”发pēi音）。

卖臭豆腐 1=D 3/4

5· 5 1̇ – | 6· 1̇ 5 – ‖（中板）

臭 豆 腐 辣 豆 腐。

卖药糖的套曲

卖药糖从业者经营的药糖，一般都是自制的，把不同的中草药或调味品与糖放在一起熬制后切成小块儿。其叫卖声多以套曲形式出现。如现在天津古文化街天后宫的前广场，每日可闻卖药糖摊位的主人介绍药糖品种及其功效的吆喝声，那叫一个字正腔圆、诙谐幽默（四分之二节拍案例，曲谱略）：“买的买，捎的捎，卖药糖的又来了。橘子还有香蕉、山药仁丹，吃了嘛（什么）的味儿呀，有了嘛的味儿呀，橘子薄荷冒凉气。吐酸水儿呀，打饱嗝儿，吃了我的药糖都管事儿。”

◎ 吹糖人的

（2）用品行当的案例

卖荞麦皮 1=G 2/4

6 – | 3 6 | 3· 3 3 ‖（中板）

买（哎）荞 麦 皮（唉）。

mái qiāo mài pī（发音同：“埋”“敲”“麦”“坯”）

卖金鱼 1=G 4/4

5 – 2 – | 5 – – 6 | 6. 7 ⁷6 5 5 – ‖

买 大 小 （哎）小 金 鱼(哟）。

卖布头、估衣的套曲

从天津曲坛相声演员演绎的传统相声中，可以窥见一斑。例如叫卖布头儿的套曲，一般为四分之四节拍。在每一个小节的四拍中，前三拍是乐感类叫卖，曲调情绪饱满激昂（叙述介绍性的）；第四拍是白话类叫卖，帮腔简洁短促（语气烘托性的）。以下是甲、乙叫卖者夸赞黑颜色布头儿的案例（曲谱略）。甲、乙二人你来我往，风趣诙谐。

（白）唉！（唱者开始的一声吆喝）

（唱）吆喝着卖了吧， （白）是喽！

（唱）这个是青色（即黑颜色）， （白）嘆？

（唱）黑里透着亮， （白）是。

（唱）亮里透着黑， （白）是嘞。

（唱）它是怎么怎么这么黑？ （白）呵？

（唱）你说怎么怎么这么黑？ （白）不知道！

（唱）它在东山里烧过炭， （白）噢。

（唱）还在西山里挖过煤。 （白）哦！

（唱）它黑过那猛张飞，也不让那黑李逵。（白）啊。

（唱）它是那煤铺的二掌柜的吧？！ （白）是啊。

（3）服务行当的案例

木工 1=G 2/4

5 – | ⁶5 0 ‖

零 活儿(哟）。

注：“零活儿”是木工师傅对木工活计的称呼。

磨剪刀 1=C 3/4

$\dot{1}$$\dot{2}$ – – | $\dot{1}$. $\dot{3}$ $\dot{2}$ $\dot{1}$ $\dot{1}$ | $\dot{2}$ – 5 | $\dot{1}$ – – ‖

磨（哟） 剪 子（哩 嘞） 镪 菜 刀 。

（三）“天津叫卖”艺术的特点、传承及演绎方式

1.“天津叫卖”艺术的特点

（1）“天津叫卖”是源于社会底层从业者企盼微薄收益的心声，是源于天津街巷之中的“胡同文化”艺术的重要成分。

（2）“天津叫卖”韵味丰富、悦耳动听、形式鲜活、雅俗共赏，是现代人乐于接受的精神文化生活的一种艺术形式。

（3）“天津叫卖”源于生活，具有鲜明的时代烙印，便于识记、易于学唱，极易与社会大众产生共鸣。

2. 对“天津叫卖”艺术传承的见解

（1）去粗存精，优胜劣汰，有保留地继承与应用。既要保留已经逝去行当的经典叫卖，又要保留与现实生活密切相关的经典叫卖。所谓“经典叫卖”乃是与生活息息相关、具有趣味、具有活力的叫卖声。

笔者认为，能够传承至今的“经典叫卖”，首先是因为好听，而且内容简练、生动，富有生活情趣，可以让人感受到鲜明的节奏感和浓郁的韵味。韵律类叫卖的传承，一般都是口传心授的，以往未曾听说有人给叫卖声曲调谱曲的，即便有了叫卖曲谱，在劳苦大众之中，能够识记曲谱的师傅也难以寻觅。所以叫卖艺术纯粹是市井草根艺术。

（2）对“天津叫卖”的分类不宜过细、繁杂，研究方式宜简单明了，以利于学习和掌握。

（3）采取专业与业余传承相互促进的方式。其一，“学”是相声专业的基本功，专业人员应该在传承上做出贡献；其二，热心叫卖艺术的爱好者参与其中，在爱心社会团体的关注、资助下，组织相关的艺术沙龙，定时进行切磋、交流，积极参加社区组织的节庆、娱乐演出等实践活动。

3. 对演绎“天津叫卖”艺术的见解

可以根据对“天津叫卖”以音感分类的思路，即以白话类、乐感类、响器类以及三种行当进行分类的设想，把握叫卖韵律节奏的特点，如此便可以排列组合出长腔、短调交融的，不同行当、不同节奏、不同韵律的叫卖声，从而演绎出更加丰富多彩、生动活泼的叫卖艺术场景来。

二、助力“天安寺同乐高跷会”市级非物质文化遗产申报成功

（一）自幼与“同乐高跷”的不解情缘

笔者的祖辈世代生活在天津的发祥地——大直沽。早年在大直沽东下坡齐家瓦房（距笔者故居大直沽后街苏家胡同6号不足300米）对过儿，有家坐南面北、驰名津门的高跷老会——“老同乐高跷房”。当年，由于日本帝国主义的入侵，民不聊生，“老同乐高跷房”被迫解散。抗日战争胜利后，在烧锅作坊、商家和村民的倾力赞助下，在大直沽后街与同乐街交口的上坡坐北朝南处成立了“新同乐高跷房”（距苏家胡同北口不足100米），会头是花会的行家、年近古稀、很有威望和能力的何四爷。

大直沽是天津民间花会之乡，有天妃宝辇和多道法鼓老会、高跷老会、大秧歌、小车会、跑旱船等等。儿时的我，一旦闻得高跷会的锣鼓点儿，不管它是演练还是出会，都要跑过去一睹为快。20世纪60年代初，由于经济困难，“大直沽同乐高跷房”被迫停办。笔者多年来一直都在盼望“同乐高跷”得以再现，当然对大直沽天妃宫的祭祀庆典活动更是念念不忘。

2012年9月27日“第六届中国·天津妈祖文化旅游节”开幕之际，欣逢待场的“天安寺同乐高跷会”队伍。当看到高跷演员的化妆和他们的服饰、道具时，我喜出望外；当在高跷会高大的门旗上见到“同乐高跷”字样时，我欢喜异常；在与装束齐备、威武洒脱的头棒穆瑞通师傅简短寒暄之后，我们相互留下了联系方式。经过五次对老会成员的深入采访，用一年多的时间，对“天安寺同乐高跷”的历史特色传承、与发展，以及回族穆氏家族对“同乐高跷”所做出的特殊贡献，进行了深入的探讨。这项工作为“天安寺同乐高跷”申报天津市非物质文化遗产准备了翔实的文字材料，为申报成功做出了实实在在的贡献。

笔者的真情、倾力付出，使得“天安寺同乐高跷会”老会长、新会长和会员们深受感动，执意推举笔者为名誉会长。笔者的文章《天津天安寺同乐高跷会》被《天津档案》杂志连载刊发之后，我及时把两套样

◎ “天安寺同乐高跷会”全体演员合影

刊送到了他们的手里，并一再叮嘱现任会长穆怀胜，在日后祭祀他已故的老父亲、连续担任60年老会长的穆瑞章之际，带去一位热爱“同乐高跷”艺术的大直沽人对“天安寺同乐高跷会”先人的问候和敬意。

（二）“天安寺同乐高跷会”的历史与传承

高跷是“中华秧歌”的表演形式之一，踩着跷扭的秧歌（演员的脚和小腿分别绑在两根木质的“跷”上）称为“高跷秧歌”；不踩跷扭的秧歌称为“地秧歌”。相传北宋时期称秧歌为阳歌，“言时较阳，春歌以乐”。在《延安府志》中记有“春闹社火，俗名秧歌”；南宋学者周密在《武林旧事》中介绍民间舞队，就有“村田乐”的记述；清代吴锡麟在《新年杂咏钞》中记载了秧歌与宋代“村田乐”的渊源关系。高跷在宋代称为“踏桥”，《列子·说符》记述：“宋有兰子者，以技于宋元君；宋元召而使见。其技以双枝长倍其身，属其胫，并趋并驰，弄七剑跌而跃之，五剑常在空中。元君大惊，立赐金帛。”表演者不但以长木缚于足行走，还能跳跃和舞剑。清代《百戏竹枝词》中记载：“农人扮以村公村母，以木柱各二，约三尺，缚踏足下，几于长一身有半矣，所唱亦秧歌类。”高跷还俗称缚柴脚、踏高跷、扎高脚、走高腿、踩高跷等。秧歌之所以沿袭、发展至今，靠的是其自身的美妙与魅力。

◎ “天安寺同乐高跷会”都旗

在众多“（天津）卫高跷”队伍中，创会于清朝嘉庆十九年（1814）的“天安寺同乐高跷会，自乾隆年间天津皇会（每年农历三月十五日至三月二十三日）开始，就加入到皇会的表演队伍中。由于官方的大力倡导、民众的鼎力相助，天津西北角“天安寺同乐高跷会”成为天津皇会庆典中极具特色、蜚声津沽的一支花会表演队伍。

“天安寺同乐高跷会”现坐落于红桥区西北角铃铛阁，自创建至今历经了两百余年的传承，以武高跷表演著称。新中国成立以来，“天安寺同乐高跷会”会员以强健的体魄、高超的技艺、奉献的精神，得到了津沽民众的高度评价，得到了国家和市、区领导的赞誉与褒奖。他们为了社区的民族团结与和谐社会建设发挥了正能量的作用。以回族演员为

◎ 手旗、道具

核心、以武高跷技艺为特点，传承有序的“天安寺同乐高跷会”，不愧为津门高跷队伍中的一面旗帜。

早在明代燕王朱棣扫北之际，漕运业繁荣兴盛之时，一部分回族将士驻扎在了现今红桥区西北角一带。战事平息后，他们建寺盖房、围寺而居，多以扛河坝、摆摊做小买卖、走街串巷叫卖为生，吃苦耐劳、繁衍生息至今。二百余年前，随着人们安居乐业，多种民间花会、曲艺、戏曲等码头文化传入，高跷被民间艺人王宝善先生和杂耍艺人、武林高手“大天一”（绰号）带到了这里。地处运河以南的老城西北角地区、文化水平低但性情豪爽、体魄强健的劳苦大众，喜爱上了高跷这一雅俗共赏的健体娱乐方式。因为天安寺坐落在西北角，高跷会又以与民同乐为宗旨，所以这一地区的高跷活动团体命名为“天安寺同乐高跷会”。由于老会成员基本都是回族，其表演又以武术功夫著称，因此该高跷会又被大家称为“回族武高跷”。两百年来，高跷技艺口传心授、薪火相传，受到了津门百姓的喜爱，尤其给聚居西北角的回族民众带来了欢乐和享受。

◎ 高跷鼓、腿子

第一任会长王宝善年迈卸任后，历任会长都由高跷技艺娴熟并且具有威信的高跷传人担当。第二任会长季德树从业大车运输（距今一百八十余年），第三任会长梁恩贵从业豆腐坊（距今一百五十余年）。在梁恩贵担任第三任会长期间，会所搬到海会寺西街，与火会水局合并一处，会员合一，有会出会，有火救火；一方有难全力救援，义务相助不取报酬。

第四任会长杨四伯从业饮食小吃（距今一百三十余年）。第五任会长常四伯经营饭馆（距今一百余年），从第六任会长到第七任会长由穆氏兄弟担任，其中第六任会长为穆瑞章（从业运输），第七任会长由穆瑞春（从业建筑）和他的一对孪生弟弟穆瑞田（从业环卫）、穆瑞通

（从业餐饮）共同担任。现在的第八任会长穆怀胜（从业物业管理）是上述穆氏长兄之子。

20世纪80年代末，在天津老城博物馆成立之际，“天安寺同乐高跷会”捐赠了包括服装、都旗（一面镶有高跷会名称的长方形会旗，由会员擎举在高跷队伍后边）、手旗（在近两米长的细竹竿前系上彩旗，由热衷高跷表演的年轻人手持，用于维持表演场地的秩序）、门旗（两面或四面置于高跷队伍最前边、大三角形状，边缘带飘穗、在两米长的粗竹竿上系上的彩色旗帜）、手彩（演员手持的扇子、篮子等）等道具文物共三十余件。如今，仍然保存完好的一副高凳（高近一米五左右的红漆凳子，便于演员踩着腿子时坐下歇息）已有两百多年的历史，具有较高的历史研究和艺术欣赏价值；保存完好的三副高跷腿子、两个帽桶（盛放伴奏演员锣鼓帽专用，每个桶只放一顶）、一把橹（划船道具）

◎ 高跷古帽桶

已有一百五十多年的历史，都非常珍稀。此外，仍保存着的坐子（青衣角色）的服饰一套、锣鼓帽两顶、单刀四把、剑四把、开山斧一把、锣鼓四套、高凳九副、彩扇十把、头棒长发一顶、太子盔一顶等也已有近百年的历史。

（三）近七十年回族穆氏一家的杰出奉献

近七十年来，以穆瑞章大哥为首的穆氏一奶同胞共十二位兄弟姊妹，为了“天安寺同乐高跷会”付出了艰辛的汗水和心血，为老会传承发展做出了贡献，得到市、区、街领导和乡邻的赞誉。技艺全面的大哥穆瑞章（1928—2011）担任会长长达六十余年，是历任会长中任期最长的一位。他不但胜任各种角色的表演，而且对化妆、包头、锣鼓伴奏等技艺样样精通，还是高跷腿子制作、维修的行家。二哥穆瑞年（生于1929年，仍然健在）能熟练饰演坐子、娃子等坤角。三哥穆瑞山（1931—1945）饰演英哥，少年早逝。四哥穆瑞亭（生于1932年）饰演英哥等，兼锣鼓伴奏。五哥穆瑞春（生于1947年）饰演头棒、二棒和娃子、坐子等角色，坤武不挡。六哥穆瑞明（生于1948年）饰演渔翁、妈妈等，兼锣鼓伴奏；其中孪生兄弟为七哥穆瑞通、八哥穆瑞田（生于1951年），其中，七哥饰演头棒、青杆等兼锣鼓伴奏，八哥饰演摇橹者、妈妈等兼锣鼓伴奏。穆瑞琴（生于1937年）、穆瑞兰（生于1939年）、穆瑞平（生于1940年）、穆瑞珍（生于1943年）四姊妹，每个人都身怀绝技。大姐穆瑞琴的技艺更为全面，擅长饰演坐子、娃子、青杆、白杆、妈妈等坤角。虽然姊妹四人已届耄耋之年，可是每次高跷老会出会，她们姐妹自始至终伴随左右，对高跷老会、对晚辈演员非常牵挂与呵护。

现任会长穆怀胜（穆瑞章之长子，生于1954年）擅长饰演二棒、公子等，兼任伴奏，他的女儿穆娜（生于1982年）从三岁开始学练踩高跷，五岁时就跟着大人们一起出会了。目前，以穆怀胜为代表的穆氏一辈人以及下一辈人中，仍然有十余人活跃在高跷会的表演队伍中。

回忆起几十年前生活并不宽裕的年代，穆瑞通师傅感慨地谈道：“那阵子绑腿子用的都是粗麻绳，出去一天赶十来场表演得走二三十里的路，踩着腿子的小腿被麻绳勒出了一道道的血檩子；每次出会就揣着两个棒子（玉米）面儿贴饽饽，饿了就啃两口、喝口凉水。仗着那会儿年轻，体格还顶得住。”老一辈人对昔日艰苦生活淡然处之的态度，对民族传统艺术甘于奉献的精神，感染着年轻一代的踩高跷者。目前，老会十分注重对年轻一代的言传身教，首先从思想上加强意志、品质的锻炼，激励青年人把武高跷的技艺传下去。

（四）“天安寺同乐高跷会”的特色

1. 武高跷的组织形式

“天安寺同乐高跷会”的演员人数比一般高跷会多近一倍，有二十二三人。武高跷的表演难度比文高跷表演更吃功夫，每个演员都必须具有较扎实的武术功底，才能在表演中闪展腾挪、虎虎生威。

在高跷会行会中，手执两根木棒（两尺长）的演员称“头棒”，饰演《水浒》中的梁山好汉武松，身兼表演和调动高跷队伍的重任。“头棒”通过约定的节奏击打木棒的声响及其动作，和演奏头鼓的演员相互沟通、联络，并且和走在高跷队最前边手提“叫锣”的总指挥（一般由会长把持。击打一声“叫锣”为警示头棒做好准备，击打两声是起锣鼓点）共同掌控着高跷队队形的变换和表演的程序。在高跷队伍前后，有五六名身背黄色绸缎缝制的背包（笔记本电脑大小）的老者。这背包称为“香囊”，只有本会德高望重的老会员才有资格背。香囊内装着帖子

◎“头棒”的飒爽英姿

（相当于高跷会的名片，上边写有本会的基本情况），通常用来联络、沟通兄弟花会及其他友人。“天安寺同乐高跷会”每次出会，会长连击

"叫锣"两声后，首先锣鼓伴奏三起三落"烂三点"（锣鼓点名，节奏快且激昂），然后由门旗开道，演员队伍在"行会点"（锣鼓点名，节奏舒缓有力）的锣鼓声中行进，男性角色的步伐威武而从容，女性角色的步伐则婀娜而舒缓。

"天安寺同乐高跷会"演员队伍的特色有：其一，坤角一般多由女演员担任，改变了一般高跷队伍的角色中坤角男扮女装的传统，充分尊重、发挥了爱好武术运动且善于表演的女性参与武高跷表演的情趣和愿望。其二，有一个三人的儿童演员组合。天真烂漫、活泼可爱的孩子们给高跷表演带来了生机与活力。热衷于高跷技艺的孩子们的兴趣从小得到了大人们的爱护和激励，尊重和培养。

一般来说，出会分踩街、撂场两种形式。踩街是指演员队伍行走在大街里巷时，踩着舒缓、鲜明的锣鼓节奏，依据捉对顺序及特定队列形式（单夹篱笆、双夹篱笆、乌龙摆尾、转籴籴、集体锄草等）行进。撂场分为大场、小场，在事先约定、准备好的大小场地（如集会地点、商铺门前、街头路口等）进行，或临时由高跷演员随着锣鼓的欢快节奏伴奏，跑圆场推散围观群众，随机开辟出宽阔场地，而后演员进行捉对系列或套路组合的表演（一般小场少有捉对的表演）。

2. 武高跷的角色妆饰

"天安寺同乐高跷会"演员的扮相采用戏剧脸谱化的形式，全套演出融入不同折子戏（武松下山、林冲赶庙、石秀杀嫂、断桥、打渔杀家、王二姐拴娃娃、铁弓缘等）中的人物扮相（生、旦、净、丑行当齐全），生动、俊俏、庄重、诙谐。表演以戏剧中的英雄人物、正面人物为主，表现抑恶扬善、除暴安良的故事情节，把民间喜闻乐见的故事通过高跷表演艺术形式表现出来。在面部的化妆上，除了橹丑、二混、高衙内、傻小、二鼓等丑角演员脸部画的蝎子、蝴蝶、豆腐块、桃子等小花脸脸谱外，其他演员都是净面粉妆。每一次出会的化妆都要聘请已退休的专业京剧化妆师担当，化妆时间长达三个小时。

为了更加简明地介绍"天安寺同乐高跷会"的角色及剧情、化妆、配饰、服装的特点等，按照他们行会的规定或表演时捉对（一般两个角色一组，称为"捉对"）的先后顺序，笔者设计出下列表格，把相关内容展现出来。

"天安寺同乐高跷会"角色、剧情、妆饰细目

捉对顺序	角色名称及其性别	相关剧情与角色的关系	头饰及配饰	服装及装束
1	头棒	《水浒》中《打虎下山》一折，好汉武松及其兄武大郎的近邻英哥。	头披长发，戴月牙头箍；执双棒。	穿青色健衣健裤，勒丝绦板带，扣胸束腰。
	二棒		头披长发，戴太子盔；执拂尘。	穿红衣、红裤。
2	女童（女）	《水浒》中《林冲赶庙》林娘子与其丫鬟及高俅之子高衙内。	右手执月亮扇，左手持彩绸。	穿红茶衣、红茶裤。
	女童（女）		执花束。	穿绿茶衣、绿茶裤。
	男童		戴公子帽，右手持折扇。	穿绣花天蓝长袍。
3	樵夫	《水浒》中《石秀杀嫂》一折，好汉石秀及其义兄杨雄妻潘巧云。	戴青色软罗帽；肩挑柴担（竹子、松枝作）；背单刀。	穿青衣青裤，勒丝绦扎板带。
	坐子（女）		头包黑布，右手持翎扇。	青衣青裤，扎白长裙。
4	白杆（女）	《白蛇传》中《断桥》一折，白娘子与许仙。	扎大辫，戴白蛾子；右手持一米多长的藤竿，前系蝴蝶坠饰。	穿白战衣战裙，披白斗篷。
	公子		戴小生巾，右手持折扇。	穿小生褂、彩裤。
5	青杆（女）	《白蛇传》中《断桥》一折，青蛇及船家。	扎大辫，戴兰蛾子；右手持藤竿，前系小鱼坠饰；佩双剑。	穿黑色战衣战裙。
	渔翁		鹤发银髯，挽顶髻，戴草帽圈；背渔篼。	穿杏黄豹衣裤，外罩古铜袍。
6	橹（女）	《水浒》中《打渔杀家》一折，肖恩之女及渔霸家丁。	戴大发，绿草帽圈；手执橹（木桨）。	穿绿色战衣战裙、坎肩，披绿斗篷。
	橹丑		戴礼帽，黑鼻胡；右手持折扇。	穿灰大褂。

（续表）

7	娃子（女）	津门民俗《王二姐拴娃娃》中，王二姐及痞子。	戴大发，插花；右手握长烟袋，左手持彩帕、抱婴儿道具。	穿粉衣粉裤，扎彩裙。
	娃子丑		戴帽衬，黑鼻胡；扎红头巾；右手持长烟袋，左手持折扇。	穿紫袍、黄坎肩。
8	林娘子	《林冲》中《赶庙》一折，林冲之妻及高俅之子。	梳大发，戴头面，扎花。	内穿水绿内衣裤，外穿水绿绣花长衣。
	高衙内		戴公子帽，右手持折扇。	内穿花衣彩裤，外穿绣花绿袍。
9	傻妈妈（女）	《铁弓缘》中的母亲与儿子。	戴发套抓髻头饰；左手挎提篮，右手持蒲扇。	穿青色彩旦褂，青水彩裤；戴红花肚兜。
	傻儿子		扎朝天辫；左手持糖堆道具，右手持马鞭。	穿百家衣、红彩裤，戴花肚兜。
10	头鼓	《水浒传》中的梁山好汉花荣。	戴粉鼓帽；挎高跷鼓，背单刀。	穿绣花粉彩衣裤，勒丝绦板带，扣胸束腰。
	头锣	《水浒传》中的梁山好汉燕青。	戴兰锣帽；持旋锣；背单刀。	穿绣花兰彩衣裤，勒丝绦板带，扣胸束腰。
11	二鼓	《水浒传》中的梁山好汉时迁。	戴蛐蛐帽，黑鼻胡；跨高跷鼓；背单刀。	穿绣花青彩衣裤，勒丝绦板带，扣胸束腰。
	二锣	《水浒传》中的梁山好汉张青。	戴红锣帽；持旋锣；背单刀。	穿绣花红彩衣裤，勒丝绦板带，扣胸束腰。

3. 武高跷的表演技艺

（1）捉对表演的基本特色

武高跷以武术功夫见长，把武林功夫、杂耍技艺融为一体，在津沽众多高跷队伍中独树一帜。其通过高跷艺术技巧，展、挪、腾、摔、翻、跳、击、打、叠的武术、杂技等招式，展示出故事情节及人物的精神面貌。

头棒和二棒的捉对。头棒扮演梁山好汉武松，头上戴头陀，扮相威猛、潇洒。头棒表演时呈倒蹲状，手中挥舞着双棒，左右开弓、上下逢源，前后呼应、刚劲有力。其在与二棒相向表演时，时而单腿金鸡独立跳蝎子勾，时而苏秦背剑后背击棒，时而双腿跳跃旋风脚击棒，甩把儿、转把儿、咧把儿、踢球、满天星等招式干净利落；压棒、周身棒、水仙棒、转身棒、左右飞脚棒等十二套棒法威武娴熟、令人叫绝；加以探海、抱月、背剑、跳涧等动作，展现了武松霸气冲天的英雄气概。二棒（俗称英哥）则以“锄草”、后仰半蹲的动作烘托气氛。二棒虽然有棒法的表现，但是与头棒的功夫相形见绌。一般来说，二棒是头棒较为理想的接班人。

樵夫和坐子的捉对。前者肩担柴草摆动起舞，以鹞子翻身、猛虎跳涧等动作技巧，展现出攀山越壑的艰险；后者手持翎扇轻摇慢舞，时而鹞子翻身接跪叉，表现出坐子角色轻浮放荡、扭捏多姿的神态以及阴险狠毒的淫妇形象。

白杆（饰演白蛇）和公子的捉对。前者掐腰架蝶，以折腿腕、水蛇腰、大闪腰等动作技巧，表现出蝴蝶上下翻飞的情境；后者则以倒蹲、翻跟头、大鹏展翅等动作，把公子举扇提襟、雀跃捕蝶急不可耐的神情表演得惟妙惟肖。

青杆（饰演青蛇）和船家（渔翁）的捉对。前者掐腰擎鱼，以耸肩抖膀、剪子步、鹞子翻身等动作技巧，把鱼儿游动的形体表现得生动、活泼；后者则做出地叉、猛虎跳涧、夜叉探海等动作，双目炯炯，一边甩发捋髯，一边用手指向鱼儿，把人物精神抖擞、奋力捕鱼的情态表现得淋漓尽致。

橹和橹丑的捉对。饰演肖恩之女肖桂英的演员右手不停地摇动着橹，动作轻盈舒缓。其通过手腕灵活的“捞三把橹”的扎实技艺，表现出出身武术世家的巾帼豪杰不屈服于渔霸家丁的凛然、无畏的气质。橹丑则通过翻身叉、闪叉、翻跟头等惊险动作，体现出渔霸家丁狗仗人势、凶恶蛮横的奴才嘴脸。

娃子和娃子丑的捉对。这一折源于天津妈祖文化民俗传说《王二姐拴娃娃》，扮演王二姐的角色不住地扭动着身躯，显得娇巧灵活，并通过剪子步、鹞子翻身接跪叉等动作表现她一路奔波，赶往“天后宫”求子的急切心情。娃子丑则通过连贯的鹞子翻身后接摔叉，表现出其挑逗、阻拦娃子的百般纠缠状，展现出痞子的无赖神态。

◎ 捉对表演

傻妈妈和傻儿子的捉对。他们除了肥胖、装扮的丑角相貌以及抖肩、倒蹲等形体动作外，还通过逢场逗趣的俏皮对话、即时抓彩儿的诙谐、幽默的动作表演，使演出达到高潮，是深受欢迎的看点。傻儿子还特别肩负着在表演中用洪亮的声音向花会组织者、赞助商喊出“祝福吉祥”和“恭贺发财”之类话语的任务。

儿童三人组合是“天安寺同乐高跷会”独创的。三个小演员天真烂漫的表演使高跷老会的演出锦上添花、充满生机。他们在《林冲赶庙》一折中，和成年林娘子、高衙内的捉对表演别有特色。大人们给他们设计了林娘子、丫鬟、高衙内等角色的独立动作，还设计了三人的捉对动作，表现出了林娘子端庄靓丽的少妇气质、丫鬟乖巧活泼的侍女形象以及高衙内骄横放荡的纨绔子弟的丑态。他们扭动着幼小的身躯，你来我往，相互配合，默契呼应，妙趣横生。然而，成年捉对中的高衙内在场中跑四个角落，窜跃撂叉的表演以及蝎子爬的高难动作更令观众

◎ 儿童高跷表演

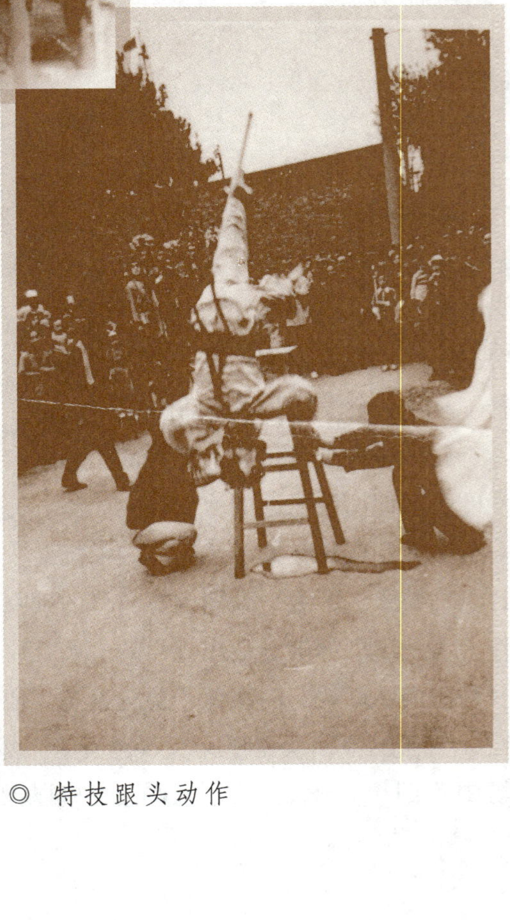

◎ 特技跟头动作

大呼过瘾。

少年高跷演员的参与让老观众们看到了“天安寺同乐高跷会”的未来，也使得小观众们拍手叫好、跃跃欲试。

（2）武高跷的特技绝活儿

演员们踩在高80厘米的高跷腿子上（腿子根部套着铁箍，整副腿子重达五六千克），运用坐蹲、跪叉、盘叉、翻身叉、摔叉、跳叉、回头叉、地趴虎等特技动作，把折子戏角色的戏剧情节，通过或单人或捉对、或分散或聚合的方式，豪放、明快地表现出来。武林动作、高跷动作的表演新颖动人，场面活跃，气氛热烈。如个人表演的蝎子爬、连续的鹞子翻身、乌龙摆尾等技能，如龙出水、如虎啸山，把剧情展现得淋漓尽致、美不胜收。有演员相互合作的串花篮（单串、双串）、叠罗汉（单层、双层、三层），如十余人的三层叠罗汉“拉骆驼”造型，既形象又大气；又如独创的十多人的三层叠罗汉“大屏风”，气势非凡，造型独特。当全副装束的演员们叠合成一个扇面后，还要环绕场地旋转一周，可谓津门武高跷表演一绝。精彩的组合表演经过多年的精心设计、反复磨合，充分把武术、杂技与高跷技艺精巧融合，使其相得益彰，成为“天安寺同乐高跷会”招牌的绝活儿，令人百看不厌、回味无穷。

◎ “拉骆驼”组合动作

总之，多年来“天安寺同乐高跷会”会员的技艺在表演中日臻完善。

（3）锣鼓伴奏的鲜明特色

“天安寺同乐高跷会”的伴奏器具是高跷鼓和旋锣，分别有两名鼓手（分称头鼓、二鼓）和两名锣手（分为头锣、二锣）。其中，除了二鼓是小花脸扮相（饰演《水浒》中的梁山好汉时迁），其他三人均净面粉妆，扮相英俊洒脱（分别饰演《水浒》中的梁山好汉花荣、燕青、张青）。

鼓手身挎高跷鼓（木制鼓帮，长约50厘米；鞔牛皮鼓面，直径约30厘米），双手分别持一支长约30厘米的木质鼓键子。锣手一只手持旋锣（铜制直径约18厘米），另一只手持一支长约15厘米的竹制锣旋子（击打旋锣的工具）。头鼓是伴奏演员的核心，其身兼随时策应头棒击打约定的棒点儿、指挥变换锣鼓点儿的责任，从而达到演员的表演与伴奏相互协调。高跷会中历来有着“前看头棒，后看头鼓”的说法。

锣鼓点一般有行进时的出会点（亦称行会点）和表演时的烂三点（又依据鼓点儿节奏的速度分为快烂三、慢烂三。鼓手在击打鼓点时，根据表演场面热烈程度的增强，又有单点、双点、连点的区别。旋锣手的持锣方式有两种——托式（一只手的五指展开向上，托在旋锣的背面）和握式（一只手的四个手指握在旋锣的正面，拇指则抓握在旋锣的背面）。无论用哪一种手持旋锣方式，另一只手在每击打一下旋锣的瞬间都要使手与旋锣近距离分开（托式持锣时，还需运用腕力使旋锣稍微转动一下），然后马上接住。如此方式击打旋锣，锣声十分清脆、响亮。另外，击打锣鼓的力度也要随着表演的火爆程度而变化。

高跷锣鼓点的节奏无论快慢，都是那么鲜明悦耳、优美欢快。锣鼓手们随着节奏自如地扭动着身躯，双手上下有力地翻飞，手臂与身段的协调美使观众也情不自禁地跟着跃动起来。铿锵有力、节奏多变的锣鼓点，使得高跷演员的武功、秧歌表演的张力展现得更加完美。他们时而快如疾风，惊心动魄，令观众情绪激昂、叹为观止；时而轻盈悠扬，喜气盈盈，令观众沉浸其中、愉悦不已。

为了减轻锣鼓演员的体力消耗，每次出会都有已不再踩跷的年长会员身挎高跷鼓、手持旋锣协助伴奏。他们激情百倍地甘当配角，娴熟、老练的演奏功夫为高跷表演增色不小。

据前任穆氏会长的兄弟们讲，老时年间，武高跷演员表演时还有唱腔、唱词，俗称秧歌调儿，挺好听的，可惜多年来已经失传。他们还都听到过长兄唱过多段高跷秧歌调。如今，唱功已经失传，只保留下武高跷的表演功夫。

（五）“天安寺同乐高跷会”的继承与发展

1. 组织工作的健全

“天安寺同乐高跷会”自创办伊始，即采取家族式的会务管理传承方式，高跷会会长被赋予统筹处理高跷会事务的总责。会长由家族中能服众望又有组织能力的人来担当。会内下设内务管理、技能督导、外务联络等事宜的具体责任人，协同会长共同管理。

组织分工	日常。	出会。
内务管理	戏装、道具、用具等物品的养护、更新。演员角色的选择、搭配与调配。	出会前化妆；行会时道具、水具的使用、守护、管理和运输等。
技能督导	会员技能、走场、合作的培训和提高。	演出程序的督导，协助演员表演。
外务联络	接受邀请，或赴兄弟花会拜场联谊。	与有关部门、单位现场筹划演出事务。
会长统筹	定期召集会务会，研究、计划、总结各项会务；经费筹措、支配收支。	动员、激励演员；加强安全意识指导；负责协同合作；关注演员精神、体质及需求。

多年来，“天安寺同乐高跷会”会长对各项事务的管理做到了张弛有度、井然有序，各项会规逐步完善、协调健全，充分调动了每位会员的积极性、主动性，大家为维护老会传统和荣誉争做贡献已蔚然成风。

2. 老会传人的培养

为保护“天安寺同乐高跷会”非物质文化遗产，在第八任会长穆怀胜的精心组织和培养下，老会中十一个角色已经有了接班人（多是“90后”）。他们坚持每周两次集中训练，平日各个主动加强武术基本功的锻炼。老会不断充实高跷后继人才，增添新鲜血液。

初学高跷的年轻人表现出了良好的毅力和决心，他们不畏艰难刻苦训练，取得了不小的成绩。如：张怡婷（女，2002年生人）已经掌握了鹞子翻身后紧接着又跪叉的硬功夫，师傅们夸她悟性好、扭得美；张鸿翔（男，1997年生人）已经掌握了头棒的四套棒法、鹞子翻身接着下大叉的硬功夫，师傅赞扬他一招一式都非常认真、刻苦。他们在2012年秋的“中国·天津第六届妈祖文化旅游节”开幕式上的出色表演，得到了与会者的充分肯定和赞扬。他们说，学练武高跷不能不摔跟头，摔疼一回就长一次记性，就提高一点儿。一位学练丑角的小伙儿深有体会地说：“别看丑角的模样不好看，可是要把丑角儿演活了，更得要用心下工夫。”

为了改变“天安寺同乐高跷会”旧式的家族传承方式，现任会长穆怀胜豁达地表示，诚邀社会有志之士加盟高跷老会，参与老会的各项事务；今后对新人的培养训练，努力做到计划科学、循序渐进；不但要把武高跷技艺、绝技传承下去，还要把高跷老会奉献社会、服务社会、与民同乐的精神传承下去。

3. 继往开来谱新篇

自新中国成立以来，“天安寺同乐高跷会”焕发出勃勃生机，在历年市、区重大节日和喜庆活动中，都参与到与民同庆的队伍中。如在欢庆天津解放、庆祝公私合营、庆贺中环线贯通、天津市民间花会擂台赛、2008年北京奥运会火炬传递、天津妈祖文化旅游节等项活动中，在国庆节、春节等中华传统节日里，积极出会表演，受到国家、市、区党政领导的赞誉和嘉奖。

目前，老会正在把挖掘、收集、整理、编辑高跷资料纳入高跷技艺研究和保护非物质文化遗产工作中。天津市河东区文化和旅游局领导将“天安寺同乐高跷会”报送“天津市级非物质文化遗产”，2004年初已获批准。老会成员决心把高跷老艺人口传心授的技艺精华、宝贵经验整理成文字、图片或影像等保存下来，并且通过积极、深入参与社会公益活动扩大高跷老会的影响，力争得到社会各界朋友和市、区党政领导更大的理解与支持，使“天安寺同乐高跷会”一代一代健康、红火地传承下去，谱写出新时代更美好的乐章。

后记

用“十年磨一剑”来形容《津城之根——大直沽》的出版，恰如其分。深入挖掘家乡大直沽的历史文化，并能使其在全市上下奋力振兴商贸、旅游事业中发挥出应有的作用，是我十五年来锲而不舍地向市、区领导进言的初心。

赤子乡愁十载墨，直沽珠玑万般情。退休十年来，认真写作家乡历史、民俗文化作品，是我报答父母养育之恩和师长培育之恩的真情付出；以弘扬家乡文化为使命的动力源泉，是自己人生的首任老师——亲爱的父亲和母亲。

通过“后记”之窗展现我们的“仁爱家风”，与读者朋友共勉身为儿女的一份孝心。在我的母亲诞辰一百周年纪念日之际，我将这部浅薄、稚嫩的习作奉献给他们，同时也奉献给我终生眷恋的故土大直沽，也是我向津城父老乡亲捧出的赤子之心。

◎ 父母晚年寿诞日

几十年来，父母为我们树立的对长辈、对儿孙、对同胞、对友朋、对民众的“仁爱家风”，时刻激励着我们兄弟姊妹前行。在我们相继退休、步入老年之际，共同缅怀父母的人生足迹、平凡往事，心潮澎湃、感怀不已。请允许我在此说说我父母的故事，希望读者朋友从中也能分享到大直沽人家淳朴、友善的民风。

1. 仁爱家风之“反哺长辈”

我的爷爷梁绍增（1882—1942）和奶奶梁王氏（1880—1957）共育有五子，父亲在同辈弟兄中排行老五。爷爷经营茶铺为生，家境清贫，艰苦的生活境况锤炼了父亲吃苦耐劳、刚毅勤奋、助人为乐的性格。

父亲从小就懂得敬老孝亲。有一年的隆冬时节，父亲看到血从二伯（我们的二爷）被冻裂的双脚的大口子里向外渗，分外心痛，便暗暗下定决心：想办法帮助老人解除痛苦。从腊月开始，父亲把奶奶给的零用铜子儿（当年的一个铜子儿相当于一分钱）一个个地攒起来，用花半年多时间存起来的零钱从旧物摊儿上买回一双大元宝棉靴头儿（很保暖的老人棉鞋）。当双手接过我父亲买回的旧棉靴时，二爷嘴角不住地颤抖，热泪盈眶，说不出话来。父亲在给我讲述这件往事时表情凝重，流露出为老人伤口心痛的神情；继而又像是做了一件了不起的大事，脸上渐渐泛起着自豪的光芒。

父亲不仅从小对长辈有孝心，更对家庭充满爱心。我们的三个叔伯姑姑跟我们讲过“你们的爸爸还上河坝打过短工，帮人家拉排子车运货，半夜起早从租界地的鲜货栈给人家卖苦力挣得有残的苹果、鸭梨，再到大直沽天妃宫前的街上摆地摊贱卖给穷人”的故事。

有一年初冬，年仅十岁的父亲看见一位面熟的乡里大哥每天中午在大直沽天妃宫前街上卖比鲜货摊上便宜不少的水果。虽然说水果有些残缺，可还很新鲜，卖得也快，竟供不应求。父亲见人家的生意火爆很眼热，便主动跟大哥搭讪，从哪里进的货。可是不管怎样套近乎，人家也不告诉他。于是，一直等到大哥收摊后，父亲悄悄地跟在人家的后边，确认了大哥家的住处。第二天早上五点父亲就起来了，躲在大哥必经的路口处，不容易被发现的角落等候。一直蹲到天亮冻得够呛，父亲也没见到人家的身影，却在晌午看见人家挑着沉甸甸的担子回来了，原来自己起晚了。于是第二天早上三点钟，父亲便起来了，路上一个人影也没有。

当年，初冬的气温比起现在冷很多，身子瑟瑟发抖的父亲耐心地蹲守。半个多钟头以后，只见昏暗的路灯下，大哥肩上扛着扁担和筐子，双手紧紧抱在胸前，慢腾腾地走来了。父亲便紧紧地尾随在他的身后，足足走了一个小时，来到了大同道摆渡口（人工划行渡船的口岸）上了船。夜色还很暗，父亲尽量躲闪着不被大哥发现。大哥下了船又拐过两个大的路口，来到一个人来车往的大院子门口。后来得知，这里是海河边马家口（现锦州道与张自忠路交口处）有名的锦记梨栈，是专门经营批发水果的大货场。

到达梨栈天色已经渐亮，父亲走到大哥的面前道出了原委。大哥被父亲想帮助父母挣钱养家的心意打动了，便嘱咐父亲："要机灵点儿、活分点儿，帮着卸货的主户、老板打打下手。"说完便分手赶紧找卸船的主户帮忙去了。

父亲赶到一家老板卸放水果的货垛跟前，老板见是一个小孩便大声呵斥着："小孩快躲开，别碰着！"由于已经有了几年习武的基础，父亲的手脚还比较灵活，身上也是有一些力气的。他主动上前给老板打下手，帮忙把废旧货筐码放整齐，把垃圾清理掉。那天，一直忙活了两三个钟头，待货物装卸完了，老板直夸父亲："这小子真有点儿机灵劲儿。"就把破损散落的水果给了父亲一堆。父亲没有家伙装就脱掉内衣，兜起水果背了回来。回家的路上，饥渴难忍的父亲舍不得吃掉一个水果，却学着大哥的样子，把完整一些的水果摆在了街口。由于便宜又比较新鲜，结果卖了十来个铜子儿，全都交给了奶奶。剩下的水果拿回家，给老太太、奶奶、爷爷吃了。从此以后较长一段时间，父亲在与水果老板的交往中，通过不惜出力赢得了信任，还开始投入很少的本钱做起了水果生意。

在我们成年后，父亲的几个叔伯妹妹多次跟我们说起父亲在家族里威望："当年，我们的奶奶还在世，整个家族在一起吃大锅饭。你爸爸从小顾家，想方设法帮着你们的爷爷奶奶给家里挣钱，挣得的钱全都交给你们的奶奶。""你爸爸从年轻时就管得住自己，从来不抽烟、不喝酒、不打牌，讨厌那些不良嗜好。"她们还满怀怨气地向我们控诉道："你们的爸爸自己不打牌，也绝对不许家里人打牌、耍钱。每当我们和长辈玩牌时，一听说老五回来了，无论老少便迅速收拾妥当，稍有迟疑他就把牌桌掀翻到地上了。全家上下没有一个不害怕他的。”

父母的月下老人是父亲青年时代学习中医药的师父王子彬和师母王芦氏。父亲十八岁那年就拜在干姥爷的门下，学习中医和“形意门”拳术。历经十余年的光阴，王子彬夫妇对父亲天资聪明、勤奋上进、忠厚老实的人品十分器重。

◎ 家父青春照片

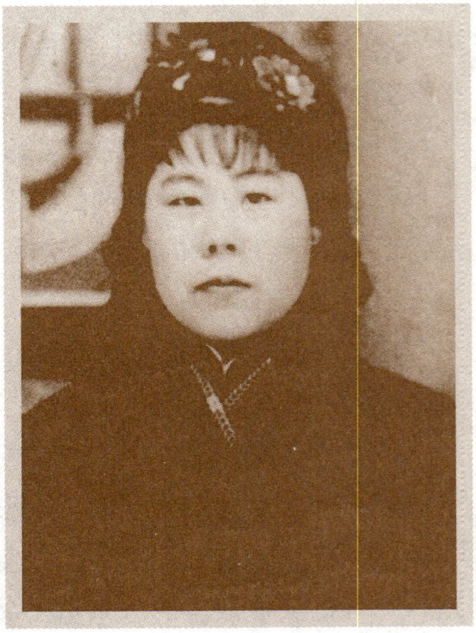

◎ 家母青春照片

为了奶奶能安享晚年，父母主动承担起照料奶奶生活的责任。奶奶在我们面前多次讲起父亲小时候的故事，言语之间特别满意她这个懂事又争气的儿子。那时，我母亲总是想方设法给奶奶改善饮食，尤其在春秋季节应时海货上市之际，都要给奶奶买来海螃蟹、黄花鱼、大海虾烹制。馋嘴的我们看着奶奶享用美味海鲜时，站在一旁不肯离去。母亲就对我们说：“好孩子，往一边玩儿去，你们吃的时候在后边呐。”可是，奶奶总会留下来一些，给她老人家钟爱的孙辈们尝上一口。自幼生活在海边的母亲，烹制的海货味道特别鲜美，是几十年来在多么大的饭店也品尝不到的。

2. 仁爱家风之“儿孙骨肉”

母亲先后生下九个儿女，我的一个姐姐和一个弟弟幼年因病夭折。母亲从生养第一胎开始就没有奶水，当年，喂奶粉绝不是一般家庭条件能够承受得了的。因此足以想象父母那些年付出了多么巨大的精力和心血，才将我们兄弟姊妹养大成人。

奶粉喂不起，父母只能万般辛苦地用面粉打成糨糊，晾温后一口一口地送到我们的口里。由于面糊缺少养分，一会儿我们便会感到饿。白天还好应对，到了夜晚，我们每一次饿得哭叫不停，便会把父母的心撕裂一次。为了煮面糊方便，父亲从南开区天宝路“鬼市”上寻得一个二手燃用煤油的美式“搪瓷小洋炉”。每当糨糊煮熟了，放到盛着冷水的盆里冷却，哪是一时半会儿就能晾凉的？每天夜间，母亲这样的操作至少三次，可想而知她老人家还能睡上多大一会儿呢？九个儿女的哺乳期各个如此，可想而知，她老人家为了我们能够吃饱肚子，熬过了多少个不眠之夜，流过了多少心酸的泪水呀！

父亲为了让我们吃饱饭，几十年中不知跑了多少路，说过多少好话。母亲告诉我，在我出生后的头一个冬天，父亲从居住在天津老城里、家境富庶的姑奶奶家中得到了十余斤散装的洋奶粉。当父亲风尘仆仆迈进家门摘掉棉帽时，脸上流着大汗、头上冒着热气。他兴奋地打开用牛皮纸包着的黄澄澄的新鲜奶粉，跟母亲说：“这回儿子最少能吃上一个月的饱饭啦！”

我们除了吃母亲喂的面糊，都或多或少烦劳过正在哺乳期的婶子、大娘，吃过她们的奶水。我就没有少吃邻居毛大娘（我对毛大伯、毛大娘的音容笑貌的记忆依然清晰，他们有个和我同龄的儿子）的奶水。父母还给二弟广平聘请过奶妈，妈妈每天定时把弟弟抱到奶妈的单位，弟弟还认了奶妈做干妈。对于哺育过我的兄弟姊妹的婶子、大娘们，父母总是千恩万谢，千方百计地表达、补偿对这些好心人的谢意。

20世纪50年代中期，父亲既要节省开支，又要保障我们哺乳期的饮食，便想方设法到糕干厂请教做“糕干”（便于用开水冲食、速溶的稻米面糕干。当年，能够常年买得起糕干喂食婴儿的家庭也不多。）的方法。回到家中，父亲就和母亲试着做，可是蒸熟后的米面总是塌锅（过量的水蒸气留存在米粉上，结成厚厚的一层硬面皮），不仅不好剥离，还大量浪费了米粉。他们毫不灰心，反复试蒸多次后问题终于解决了。做好一次成品糕干，米面需要三次蒸制；前两次蒸制后要晾晒干，然后打得粉碎，分别用粗箩、细箩（箩的网眼更小些）筛；第三次蒸制后才成为易于溶解在热水里的糕干。

20世纪50年代初，父母共同经营“华昌祥”鞋帽小店。1956年公私合营时，他们把仅有的一间门脸房交给了国家。老两口儿参加商业工作后，每月领取百余元的工资。由于我们年龄偏小、花销较多，日子过得捉襟见肘。可是回想起幼年、童年的生活，我们却充满了太多的幸福感，其间父母付出的千辛万苦，我们一一看在了眼里、记在了心上。

至今，我清晰地记得母亲帮助父亲精心经营鞋帽小店的情形，尤其在父亲外出进货、办事时协助卖货。由于母亲没有上过学，只能采用画象形符号（自己可以辨别的“简笔画”）和画“正”字的办法记载卖出商品的记账方式。

两个妹妹回忆到，公私合营后母亲参加土产杂品门市部的工作，经常要从两三千米外大直沽后台儿的土产仓库提货，母亲总是争着拉小排子车去进货。一次，二妹春茹在大直沽前台儿的下坡处，看见母亲艰难地拉着车，一步一步地爬上陡坡时，心里别提多难受了。当年，母亲已是五十多岁的人了，还要登高爬梯，把货物从高高的货架取下、搬上。

当时，门市部每个月盘点一次，同事们看不懂母亲记的像天书一样的符号和数字，曾经闹出不少笑话。也是因为没文化，母亲不知道挨过门市部经理、同事们多少白眼。由于母亲兢兢业业、认真负责，工作很少出现差错。晚年，母亲偶尔说起这些往事时，咯咯地笑出声来，接着又无奈地说：“唉，没文化有嘛法儿呢？”

那些年，母亲的单位隔一段时间发一次电影票。好不容易轮到她时，她却把票让给年轻同事，自己替人家盯柜台售货。二妹曾经问母亲：“单位为嘛不让您看电影呢？”母亲解释说：“妈妈的票都让给阿姨们了，平时人家没少帮着妈妈盘货、查账呢。年轻人带着家人、孩子一起去，多高兴啊。”就这样，母亲从来没有看过电影，无怨无悔地成全着别人。大妹菊茹记得那些年母亲常常被评为季度、年度先进，家中有很多奖给妈妈的脸盆、暖瓶、大铝锅等。有一年，母亲不但涨了一级工资，又上调了一级工资，乐得合不拢嘴。

每天中午，母亲只有半个小时的休息时间，正是我们放学吃饭的时间，她老人家不但迅速地给我们热饭，还要为晚饭蒸上一锅窝头。忙活一通之后已经到点了，母亲忙得顾不得吃饭，经常往口袋里装上几把玉米花就匆忙跑去单位，饿了的时候抓一把放进嘴里。母亲这样与生活奋争、与工作拼搏的身影，时常呈现在我的眼前。

父母兢兢业业地勤奋工作，确保了家庭稳定的经济来源。他们下了班还要操持我们的吃喝穿戴，为了缝补衣裳先后买过三台缝纫机（第一台是上海产的“小四四”，性能很好），始终都由父亲踩踏，节省了母亲不少精力。尤其每年春节为我们准备新衣服，父母更是绞尽了脑汁，付出了太多的心血。

20世纪50年代末的那一年冬季，那时讲究穿棉猴（带有棉帽，下摆长到膝盖的棉制服），父母精打细算、省吃俭用，到了腊月给我们兄妹每人买了一件。春节我们跟着父母到长辈家拜年，亲朋家的孩子们没有不羡慕的，老人们齐声夸赞：“老五和媳妇特别会过日子。”

20世纪60年代初的那一年冬季，流行男式条绒夹克套装（上衣袖束口，下摆松紧束腰），父亲从经营服装的朋友处借来大小尺寸不同的夹克服硬纸模板，自己裁剪条绒夹克。因为父亲没有缝制的经验，常常拆了又重新轧上。正月时，我们兄弟四人每人穿着一件夹克行走在大街小巷时，赢得很多回望的目光。

我深深地记得，在很多个正月初一的凌晨，每当从睡梦中醒来，总能看见父母还伏在台灯下为我们绱着新棉鞋，用鞋楦排放着新鞋型（卖鞋时，从绱鞋作坊师傅讨要的鞋楦），为的是赶在早晨拜年时让我们都能把新棉鞋穿在脚上。

母亲对我们的谆谆教诲，总是体现在日常生活细节之中。20世纪60年代初一个夏末秋初时节，母亲常把单位包装土产杂品用的废弃竹筐以及筐内填充用的杂草一捆捆抱回家，用来烧锅炝子（自家用泥土垒制烧柴草贴饽饽的简易炉灶）。弟弟妹妹烧火时，偶尔发现遗落在杂草筐里的小碟子、小碗、筷子等。母亲知道后要求：“一定要送回去。门市部哪个柜组的商品对不上数，人家要负责的——人家的肉贴在自己的身上不符神儿，不能要人家的东西。”

大妹回忆说：“我有烦恼时总爱跟妈妈说，妈妈每次都耐心地给我解开心结。”有时提到有的人说话、做事爱占便宜，妈妈告诉大妹：“闺女，别说别人不好。记住，不管谁在咱们的身上使坏，结果都没有好儿。”现在明白了，老一辈的朴素言语里，蕴含着“善有善报、恶有恶报”的因果理念。二妹回忆说：“婚后一旦与爱人有了矛盾，回娘家后就会和妈妈叨念。不说还好，一说就被妈妈狠狠地批评一顿。”

从我们学龄前开始，母亲就有意鼓励我们学习发面、兑碱、蒸馒头，即使我们经常把馒头蒸酸了（碱兑少了）或蒸得又黄又硬（碱兑多了），也不埋怨我们。她教我们炒菜、熬鱼、炒糖色儿炖肉，教我们用搓板洗衣服，教我们缝补衣服、钉扣子、用袜楦（便于把袜子撑起来，用针线缝补的简单木制工具）补袜子等等。在我们放寒假或暑假时，母亲就要求大孩子一天纳一寸鞋底（用旧棉布、糨糊一层层粘在一起，晾干打成“夹子”，剪成鞋底形状的一沓夹子再粘在一起，用锥子、麻绳一针针密密麻麻地纳鞋底子）。我们不但从没有一句怨言，还争先恐后保质保量地完成自己的任务。我们不但万分地庆幸并不宽裕的家境给我们创造了那么多甜蜜的童年生活记忆，更要感谢父母教给我们的奋发向上的人生态度和热爱生活的精气神、正直做人的行为准则，这些才是我们终身取之不尽、用之不竭的精神财富。

父亲教育我们，无论干什么事情都要有耐心、有始有终，从小事做起锻炼自己。记得父亲曾经用硬纸板糊制带盖子的小纸盒，把写上物品名称的标签贴在盒子上，把各种家用生活小物品收纳其中；再用木条钉制好阁楼般的框架，框架上十几个格眼儿整整齐齐，可以十分便捷地找到所需物品。现在，我们兄弟姐妹各家的物品没有一个是零乱无章的，我们的儿女也都从小就学会了整理自己的文具、物品。我们诸多的生活能力，是通过父母言传身教得以形成的，有的虽是小事，却从小培养了我们严谨做事、认真做人的生活态度和生活习惯，顺其自然地成就了我们事业、人生的一帆风顺。

20世纪60年代初，父亲为了培养我们奋发学习、努力向上的精神，设计出“小红花园地”评比方式。谁在学习上、做家务上表现突出，就在园地上谁的名字旁边贴上一朵红纸做的小红花。每天吃过晚饭，在父亲的主持下，我们相互评一评。这个方法在一段时间里确实对我们起到了激励作用。可因为只是精神上的激励，评比形式单一，没多久小红花对我们的吸引力就不大了。可是我们知道过不了几天，父亲还会想出新的办法来激励我们。

父亲只要发现我们兄弟姐妹之间产生了矛盾，就会及时地把相关的人叫到一起，问明原因后，总是耐心地讲些情节既简单、道理又深刻的古代小故事。现在回想起来，有不少是《醒世恒言》《警世明言》中的故事情节。当我们明白了谁是谁非之后，爸爸要求我们各自说出自己的不是，当哥哥姐姐的要先说。然后，父亲让我们把手握在一起，微笑着把我们搂在怀里。在父母永远离我们而去以后，我们还能感受到二老慈爱的炽热温度。

父亲在生活上从不挑剔，总是用他的行动教育我们。冬季里母亲爱做小虾米白菜面汤，我们感到不合口味嚷着不爱吃。只见父亲把多半个窝头泡在汤里，然后端起碗来呼噜呼噜地吃下去，不大会儿就又盛起一碗。父亲还边吃边说："粗茶淡饭饱三餐，早吃香甜，晚吃香甜。"在日常生活中发现我们有与小朋友攀比的现象时，父亲就告诫我们说："生活上要跟不如自己的比，能力上要跟比自己强的比。"在穿衣上，他告诫我们说："布衣得暖胜丝绵，长也可穿，短也可穿——人在有时思无时，休到无时思有时。"这些勤俭持家、含有哲理的朴素语言，每当父亲脱口而出时，我们一点儿也不觉得厌烦，反而感觉很惭愧。父亲的言传身教让我们刻骨铭心地懂得了做人的道理，并成为鞭策我们严于律己的准则。

1968年底，我和二弟广平先后上山下乡去了内蒙古自治区呼伦贝尔盟扎赉特旗胡尔勒公社和宝坻县周良庄公社。我们哥俩突然离开父母身边，母亲感觉好似天塌下来一样。听弟弟妹妹们讲，万万没想到母亲的精神一下子垮了下来，真的变成了另外一个人，每天精神恍惚、无精打采。夜里，母亲整宿整宿地坐在床边不睡觉，说一躺下就喘不过气来。一旦刮风、雨雪天气到来时，母亲就在屋里不停地来回搓着双脚，还做出把双臂支撑在胸前的动作，嘴里呼呼地喘着粗气，反复不断地叨念："我的两个儿子在那里怎么样了？我的两个儿子在那里怎么样了？"脸上的表情、口中的话语动静特别大，弟弟妹妹们吓得谁也不敢睡下。他们哭着，不停地劝慰母亲坐下来歇会儿。母亲说："我这样动动才好受一点儿。”1969年春节前夕，二弟回家探亲，刚进院门时发出的一声呼唤：“妈妈，我回来了！”妈妈听见他的声音，急急忙忙跑出屋门。从见到二弟的那一刻开始，久违了的笑容又重现在母亲脸上。后来三弟广毅跟我说：“得亏二哥回来了，要不咱妈就坏了。那些天咱妈的举动、神情，把咱爸和我们全都吓坏了！”这件辛酸的往事，深深地烙印在我们心上。

在我和弟弟上山下乡之际，父亲叮嘱我们：一定要服从领导，知道努力上进；要团结礼让同学，多关心帮助别人。父亲自青年时代起，面对黑暗社会的各种诱惑，自觉效仿历史伟人和故土乡贤的高尚品德，严格规范自己的人生。他给我们讲过，他在天津英美烟草公司（天津卷烟厂）制烟车间当工人、日本裕丰纱厂（天津棉纺一厂）任食堂管理员期间，多次被工头、领班、激进分子动员加入三青团、国民党，他都婉言谢绝了。面对提职、加薪的机会，父亲从来没有动摇过正直磊落做人

◎ 笔者在1968年上山下乡前全家福

的信念。父亲在公私合营以后，先后到河东区唐家口新村百货商店、河东区十一经路百货大楼工作，曾经多次获得技术改革标兵和先进工作者称号。

我们上山下乡之后，父亲的慈爱之举更令我们永远不能忘怀。弟弟广平到宝坻县周良庄下乡插队第一个初冬的一天，风刮得特别大。父亲为了给弟弟送生活必需品，清晨骑上那辆杂牌自行车（自己多年前用德国自行车零件组装的），驮上新买的洗衣用的木盆、备用的衣物，母亲新炸的肉酱、新做的可口食物出发了。由于不识路途，父亲多次下车打探，一路上顶着凛冽的寒风艰难地骑行。行至宝坻县境内时发现木盆颠簸掉了，他焦急地沿着来程找寻；又往回骑行了几千米后，终于找到了路边的木盆。那天傍晚，父亲赶到弟弟身边时，已是满身泥土、气喘吁吁。后来估算，父亲那天逆风骑行路程足有九十千米，而且近半路途都是乡间泥土路。

◎ 1970年作者（右）探亲时与二弟合影

我在内蒙古自治区插队期间，由于秋末冬初时节泡在齐胸的冰凉河水里捞臭麻（青麻收割后，表皮必须沉到小河或坑中泡烂，然后捞起晾干，麻秆上的纤维才能扒下来），两条腿和膝关节受到严重的风寒侵害。选调返津后，每到秋冬季节两腿总好像捆绑着沙袋般的沉重。父亲得知后为我四处求来一个偏方熏洗，还专门制作了一个特型板凳，寻来一个老式腌咸菜的大口瓷坛。熏洗时我坐在特型凳子上，腿腋放在装着烧开药液的坛子口边，下身严严实实地裹上棉被。在半个月的治疗期间，每天熏洗一次，一次一个小时，父亲始终守候在我的身边。在他老人家的精心呵护下，多年浸入骨骼、肌肉的寒凉风湿从我的大腿皮层下一点点地被透析出来，犹如一块块青黑色的黏痰，此情此景使家人触目惊心。父亲从不善于用语言表达，总是默默地为儿女倾心付出。他老人家对儿女的爱，常常让我们的心灵感到震撼。这，大概就是"父爱如山"吧。

从父母在他们甲子之年有了第一个"孙辈"开始，他们的神情愈加阳光灿烂，生活开始五彩缤纷起来。二老尽心尽力地呵护每个孙子、孙女和外孙女的成长，时刻惦念、关爱着他们的健康、幸福。在我们的记忆里，每当得知某一个孙辈发烧、咳喘、厌食、便结时，二老马上焦虑不安起来。有多少个夜晚，母亲和二妹整宿地轮流抱着身患肺炎、高烧不止的大孙女梁英不肯歇息。为了使我们得到休息不耽误工作，母亲和妹妹担当起太多的责任。看着一个个孙辈活泼、茁壮地成长，二老有着说不出的快活和喜悦。三弟广毅在谈起父母帮助他的媳妇产后催奶的往事时激动不已。三弟婚后住在离父母三千米远的一套独单。弟媳刚坐月子时奶水不足，母亲万分焦虑，连日里想尽办法帮助儿媳催奶。一天，她亲自赶到自由市场买来大肥母鸡，煲好了一大锅汤。如何及时送到儿媳身边呢？父亲决定把汤锅放在自行车后架上送过去。平时骑着车都需要25分钟的路程，他老人家一只手扶着车把，一只手扶着垫着毛巾的汤锅，只骑了30分钟就赶到了三弟的住处。弟媳和侍候月子的亲家母见到满满一大锅滚烫的鸡汤时都惊呆了，忙问："您这是怎么送过来的？"在母亲和亲家母的细心呵护下，弟媳的乳汁不久就下来了。

◎ 父母晚年寿诞日和七个孙辈

3. 仁爱家风之“同胞至亲”

父亲与叔伯哥哥（我的四大伯梁珩）、叔伯弟弟（我的七叔梁璟）（我的九叔梁墉）从小相濡以沫、相互关爱。他们从小就把我父亲当作学习的榜样，相互激励，一直到晚年还相互关爱如初。每到新春正月初一，几位叔叔都会早早地来到我家拜年。

对于家族中的至亲及晚辈，父亲也是呵护有加。20世纪50年代初，育有五子三女、生活窘迫的二大伯梁瑞搬入中山门工人新村的两间平房，父亲不遗余力地帮助他安顿生活，想方设法买来大量优质木板，先后几次蹬着三轮车（我和二弟、大妹曾经分别坐着三轮车跟着）送到二大伯家中。父亲亲自动手装钉两个大床铺和几个存储物架板，前后连续奔忙几天不辞辛苦。20世纪60年代末，二大伯的长子广吉婚后占用一间房屋，其他七个儿女与他们二老挤住在另一间平房和在对面空地上盖起的小房里。随着兄弟姐妹相继迅速长大，二大伯几次强烈要求长子腾房搬出。父亲得知后，用家庭传统观念为二大伯的长子力争，虽然一时为侄子赢得了权益，可是严重地伤害了老哥俩的情分，直至老死不相往来。

20世纪50年代末，当父亲得知迁居北京的四嫂（我们的四娘）不幸患病去世的消息时，嘱咐妈妈照顾好生意和我们，自己马不停蹄地赶往北京。父亲深为中年丧妻的四大伯而悲痛，为失去一位贤惠、忠厚的老嫂子而伤心，为失去母亲的两个侄儿和一个幼小的侄女而痛心。父亲细心、周到地帮助四大伯料理完四娘的丧事赶回家后，便和母亲商议尽快帮助四大伯续个后老伴。经过半年多的努力，他们终于寻求到一位与大伯年龄相当而且未出嫁的老姑娘。从此，大伯一家的生活再也没有后顾之忧了。后来，这位四娘又给大伯生了三个儿子、一个女儿。

大伯梁珍（在父亲这个支系同辈中排行老大）在新中国成立前就是天津卷烟厂的八级领班钳工，中年中风后行动不便，父亲经常对其关心问候。大伯的长子广贤在20世纪60年代末参军，我父母在他出发前给他饯行，并安慰侄子不要挂念家中多病的父母。父亲想到侄子首次远离亲人，在部队的生活起居一定有许多不便，毅然把心爱的“五一牌”手表让他带在身上（退伍后还了回来）。在大伯病危期间，忙于工作的父亲要求我替他陪伴在大伯的身边。我和叔伯兄一起护理大伯，在给大伯清理大便时，曾经几次用手捧起恶臭、黏稠的大便也不嫌弃。多年以后提及此事时，父亲总是连连称赞我，说我懂事有孝心，鼓励弟弟妹妹向我学习。

不仅父亲，母亲对待至亲骨肉体贴入微、宽厚以待的品格，也受到家族老少的交口称赞。老一辈异口同声夸赞母亲是个好媳妇，晚辈后生发自内心地赞扬五婶好、五娘好。九叔梁墉在我们的母亲故去时痛哭道：“我这个五嫂谁也没法比，她是真正的中国贤妻良母。”

4. 仁爱家风之“友朋乡邻”

父亲从少年时代起就与给我们家帮工的水夫师本起结为终生不渝的穷弟兄的往事，至今令我们兄弟姊妹感动不已。师叔叔自幼失去双亲，被我们的爷爷奶奶收养。师叔叔比父亲小几岁，也喜爱武术运动，可是不爱学文化，不喜欢上学。为此，父亲没少费口舌规劝，可是效果不大。师叔叔长大些后，主动帮助爷爷到河边打水、送水，闲暇时就跟父亲习武。平时师叔叔受到大孩子欺负就告诉他五哥，总是得到父亲的百般呵护。一直到晚年，兄弟二人都是亲密无间。

20世纪40年代初的一天，乡里两位仰慕父亲的摔跤名家来到家中，非常气愤地向父亲揭发一位从事大直沽公益事业的人生活作风出格的事，指出这个人败坏了大直沽人的名誉，声言要打断他的腿。父亲听说后，认为那人的行为确实影响很坏，又认真思量以后劝解道：“谢谢二位兄弟信得过我。你们对这件事儿管得对，可是管的方式得考虑考虑。

◎ 家父舞剑英姿

纠正他不道德的行为，要先跟他摆清道理，让他认识过错、痛改前非。如果你们把他的腿打断了，他还有老婆和一帮孩子，以后怎么生活呢？”可是，两位血气方刚的摔跤手依然愤愤不平，坚持要给那个人点儿颜色看看。父亲担心一时说服不了他们，二人还会做出鲁莽行为，便吓唬他们说：“你们再好好想想，别太冒失了。既然找了我，这事儿我就得管。如果谁打断了他的腿，我就把谁的大胯给卸了。”由于父亲在大家心目中的威望，最后二位不得不服从了父亲的意见。大家都赞叹道：“也就是梁先生能够让这哥俩罢手。”

20世纪50年代，在大直沽中街与义和街交口处，推着排子车（胶皮轮子平板车）经营馅饼的任大伯夫妇是父母的穷朋友。任大伯夫妇有九个孩子，生活非常困苦，小本生意混得让儿女们吃上饱饭都很不容易，家里仅有的家当是一张床和几条破被子。父母在年节之际，常常挤出并不宽裕的收入接济任大伯一家，使他们深受感动。他们的长子任喜元从小爱好二胡，大伯大娘再苦再累也坚持让儿子就读于天津音乐学院附中、天津音乐学院（享受国家助学基金），最终培养出了一名优秀的民族弦乐家。

母亲无私、仁厚的爱人之心，也是乡里、近邻有目共睹的。记得一旦有新邻居搬到院内，母亲总是及时烧好开水、熬好热汤送到人家的手上。母亲经常帮助近邻人家照看孩子；下雨时帮助人家收起晾晒的衣物；看到年轻夫妇不会安排生活，经常把日常生活用具借给人家，还主动买好笤帚、凉席、炊具等送给人家；看到邻居月底日子过不下去时，就悄悄地把几元钱塞到人家的手里。

父亲老年时仍然在一些生活小事上尽己所能，默默地为乡邻做事。每当雨雪天气，从我们家所在的义和街东王家胡同通往天妃宫小广场公厕的小胡同里总有积水或积雪。雨雪过后，父亲便抄起家中的铁锹赶到那里，及时把雨水、冻雪清除干净，方便人们通行。父亲常以“修桥补路，行善积德”这样的话熏陶我们。“帮助别人增进了友谊，用人家的事锻炼了自己”也是父亲常挂在嘴边的话。

5. 仁爱家风之“社会民众”

父亲自青年时代起就爱好中医药学，是从对中医基础知识点点滴滴的识记、背诵开始学习的。在王子彬先生的教导下，经过多年的刻苦钻研，父亲能熟练地背诵《平湖脉诀》；能够一边倒着背诵经络口诀，一边指示出十三条经络、奇经八脉中任何一个穴位的确切位置；能够清晰地记住众多良方、验方、偏方及其剂量，分毫不差。这不知花费了父亲多少个不眠之夜。他老人家的勤奋努力，缘于对自己爱好的专心、痴迷。为了进一步提高医术，父亲还不辞劳苦到北京郊县、石家庄等地拜访名医，求证中医内、外科按摩的手法、技巧。中年时期，父亲的医术水准已经能够攻克不少疑难重症，甚至被大医院判定为不治的病人也来求治。他曾经先后帮助多位被医生认定要马上准备后事的病人，延续了他们的生命。在那些岁月中，父亲把认真完成本职工作之外的绝大部分时间，都投入到他所钟情的中华脏腑内科及其外科按摩医术的钻研和无偿为患者解除病痛的乐趣之中。

我们深深地记得，小时候每到寒冬、初春时节，经常有人到我家索要“煤熏药”（父亲从王子彬恩师处获得的祖传治疗煤气中毒的秘方）。多年如一日，每到秋季父亲都要亲自配制“煤熏药”，并亲自送到周边几个村镇的热心人手里，烦请他们免费送给急需的乡亲们，并耐心、细致地把外用或口服的方法告诉人家。他还经常深夜跟着严重症状者的家人到抢救现场，千方百计撬开病人紧锁的牙关灌服“煤熏药”，使躺在地穴中的病人起死回生。

儿时的冬春季节，我们不但习惯了在睡梦中被急促的敲门声惊醒，而且能够理解索求“煤熏药”的人那急迫的心情。那些年，每年都有被“煤熏药”挽回生命的家属来到家中，千恩万谢父亲不求回报的善举。为了使更多不幸被煤气熏倒的人们受益，父亲在20世纪50年代初，无偿地把“煤熏药”配方献给了国家（当时天津市还不是直辖市，是河北省省会的所在地），药方被收录在河北省中医学院编辑的《河北省民间中医验方偏方集锦集》中，征集部门还给父亲寄来感谢信和医学书籍。

20世纪70年代末，空军部队北京军区驻武清县独立师师长兼政委王炳文慕名请父亲治疗其在抗美援朝战场上伏冰卧雪落下的伤病。王政委每天清晨由驻军医院主治医师、警卫员、司机陪同，从武清杨村驻地赶到大直沽药王庙大街，借用干姥爷家宽敞的平房施治。父亲精心采用中华脏腑内科按摩技法施治，一个月后被病魔折磨多年的王政委紧锁的眉头舒展开来。经过三个月的连续诊治，王政委的身体状况大大改善。为了答谢父亲的情谊，王政委在军区招待所按照招待国际友军将领的规格款待了父亲。之后王政委还安排实弹射击表演，被父亲谢绝了。父亲语重心长地对跟随去的三妹丽茹说：“为人家治病，是为了给人家解除痛苦，咱不能给人家添麻烦。虽然没有看到实弹演习，可是心里踏实。”以后王政委每隔一段时间复查、诊疗一次，如此坚持了两年多。父亲不计报酬地为王政委医治，使他的病情得到了显著改善。

20世纪70年代初，落实毛主席“深挖洞，广积粮，不称霸”指示时，父亲参加了防空洞工地守护工作。一天上午，刚参加工作的我四弟广钰担心父亲在工地吃不好，就从市场买来新鲜的海鱼收拾好、烹熟了，满心欢喜地给父亲送去。刚把热气腾腾的饭菜端到父亲面前。一辆汽车开过来，几个人抬下来一副担架，上边躺着一位痛苦万分的病人，请求父亲医治。四弟担心饭菜凉了又没处加热，急切地劝父亲赶快吃几口先垫个底儿。万万没有想到，父亲猛然给了他一个耳光。原来父亲是为急于救治病人而失态。过后，父亲对误打老儿子的过失感到十分内疚，向从小淘气顽皮、被自己严加管教多年的儿子赔了不是。

父亲应老朋友的要求，经常到东丽区大毕庄为乡亲们看病。当人们得知梁大伯到来时，都喜出望外地远接高迎、奔走相告，尤其是老年多病的人们。父亲总是和气耐心、真诚无偿地为村民们医治。

许多年来，父亲坚持为众多求医的亲友、近邻和陌生人医治，被救治康复的人不计其数。至今，大家回忆起父亲当年不辞辛苦地为病人医治的情景依然感慨万分、泪眼蒙胧。

希望读者朋友通过对我家的“仁爱家风”的了解，进而更加理解和认可我立志弘扬家乡文化的努力和决心。在今后的日子里，我会紧紧跟随以习近平主席为首的党中央的领导，为弘扬优秀的中华传统文化、为实现伟大复兴的中国梦做出新的贡献。

作者

丁酉年小暑